PORTRAITS

DE

FEMMES

CAMILLE SELDEN

MADAME DE MAINTENON
LADY MARY WORTLEY MONTAGU
COMTESSE D'HOUDETOT — MADAME VIGÉE LE BRUN
ÉLIZABETH BROWNING
CHARLOTTE LEFÈVRE — UNE PATRIOTE ITALIENNE

PARIS

G. CHARPENTIER, ÉDITEUR

13, RUE DE GRENELLE-SAINT-GERMAIN, 13

—

1877

PORTRAITS

DE

FEMMES

Paris. — Imp. E. Capiomont et V. Renault, rue des Poitevins, 6.

PORTRAITS

DE

FEMMES

PAR

CAMILLE SELDEN

MADAME DE MAINTENON
LADY MARY WORTLEY MONTAGU
COMTESSE D'HOUDETOT — MADAME VIGÉE-LE BRUN
ÉLIZABETH BROWNING
CHARLOTTE LEFÈVRE — UNE PATRIOTE ITALIENNE

PARIS

G. CHARPENTIER, ÉDITEUR

13, RUE DE GRENELLE-SAINT-GERMAIN, 13

—

1877

Tous droits réservés.

A

MADEMOISELLE Lise DIDOT

Voici le volume que vous me permettez de placer sous la protection de votre nom. Les obstacles qui s'opposaient à la publication d'un ouvrage depuis longtemps achevé et imprimé sont aplanis ; le livre va paraître, quoique privé de la page à laquelle je tenais le plus. Vous devinez peut-être qu'il s'agit d'un bout de papier égaré, perdu, un feuillet noirci la veille d'un départ dont je n'ai point oublié la date. Les quelques lignes de dédicace que le vent a emportées et fait disparaître, contenaient une allusion à une circonstance connue de vous seule. On ne revient pas deux fois sur certaines pensées. Celles dont je puis vous entretenir, aujourd'hui comme alors, concernent les commencements de notre amitié, les sentiments de reconnaissance qu'elle m'inspire, les souvenirs liés à la mémoire de l'homme illustre et vénérable qui fut votre grand-père, et dont vous étiez la joie et l'orgueil.

CAMILLE SELDEN.

Orsay, 19 mars 1877.

AVANT-PROPOS

Un homme n'intéresse, et sa vie n'a de prix
que par ses rapports avec l'époque où il est né.
Qu'est-ce que notre individualité auprès de
cette masse de générations qui vont s'engouf-
frant dans les âges ? Une feuille de la forêt ;
une goutte d'eau de la mer ; un grain de poudre
dans les champs.

PHILARÈTE CHASLES, *Mémoires*.

Pour qui a vécu et observé, le but de ce
que nos pères nommaient « Biographies, »
n'est point de faire connaître les détails d'une
vie, mais d'enseigner ce que, certaines conditions données, cette vie pouvait et devait
être à l'époque où les hasards de la destinée
la placèrent. Non-seulement la vie humaine
est trop courte, mais elle est devenue trop

affairée pour que l'on puisse sans inconvénient en consacrer une partie à des études
d'une utilité médiocre. *Time is money*, disent
les Anglais. On ne lit plus, on n'a plus le
temps de lire pour *s'amuser*, comme on disait
jadis, mais en revanche on a besoin de *savoir*; la curiosité s'accroît à mesure que les
moments deviennent plus précieux, on s'a-
perçoit que s'il est à peu près inutile de connaître la date précise de la naissance d'un
personnage illustre, il n'est pas indifférent de
se renseigner sur les mœurs de ceux qui
nous ont précédés ou n'ont pas cessé de
vivre.

L'Étude historique, le *Portrait* tel qu'il a
été inventé et compris par les modernes,
c'est-à-dire l'analyse exacte des documents
qui permettent de reconstruire une figure
dans le milieu où elle a vécu, font suffisamment connaître la physionomie du passé. La
tâche du romancier, dont la mission consiste

surtout à peindre les mœurs de son temps,
doit venir continuer celle de l'historien là
où le sentiment des convenances, qui dé-
fend de donner certains détails sur des personnes vivantes, oblige celui-ci à déposer la
plume. La forme des œuvres littéraires se
modifie comme celle des esprits, et le roman,
réduit ou plutôt ramené à ses proportions
actuelles, ne saurait intéresser qu'à condition
de ressembler à une peinture, et à une peinture moderne. Peu importe, d'ailleurs, la
nature des événements et le caractère des
personnages, pourvu que ces événements
soient retracés avec assez d'exactitude et
ces personnages peints avec assez de précision pour offrir le genre d'intérêt qui s'attache à des *portraits*. En somme, c'est la
même œuvre sous une autre forme. Le développement de cette théorie toute moderne
pourrait paraître déplacé dans une *préface*,
si cette théorie ne servait à expliquer la com-

position d'un volume dans lequel une œuvre d'imagination pure vient se placer à la suite d'une série de peintures destinées à représenter des figures vraies. La figure toute fictive que l'auteur y a introduite sous le nom de *Charlotte Lefèvre* choquera inévitablement qui n'a jamais connu les morsures de la volonté déterminée à vaincre. Le plus grand tort de l'héroïne, c'est peut-être d'avoir pénétré, elle, fille de peu, dans une galerie de portraits dont les originaux appartiennent au meilleur monde. Son excuse, et par conséquent son titre à cette admission, c'est son amour passionné pour ce grand art immortel dans lequel madame Vigée Lebrun se distingua et sut réussir.

N'oublions pas d'ailleurs qu'artiste, femme du monde, courtisane, la femme du dix-huitième siècle a préparé celle du dix-neuvième, et que la grande crise philosophique qui, il il y a près de cent ans, est venue renverser l'ancien régime fait aujourd'hui lever de nouvelles pousses humaines qui sont encore en quelque sorte à l'état inculte, et veulent être greffées sur l'arbre d'une science encore cachée pour obtenir le degré de perfection auquel elles peuvent atteindre.

CAMILLE SELDEN.

PORTRAITS DE FEMMES

DU TEMPS PASSÉ

FRANÇOISE D'AUBIGNÉ SCARRON

MARQUISE DE MAINTENON

I

SA VIE ET SES ÉCRITS[1]

La célébrité s'accommode assez mal des vertus
positives, et, surtout chez une femme, on n'aime
guère voir la fortune s'édifier sur les calculs de la
raison. C'est pourtant ce qu'on voit en Françoise
d'Aubigné, marquise de Maintenon. Contradic-
tion étrange, et bien remarquable. Son bon sens,
un peu bourgeois, éloigne les sympathies, et

1. *OEuvres de madame de Maintenon*, publiées pour la première fois d'après les originaux ou les copies authentiques, par
M. Théophile Lavallée. Paris, Bibliothèque Charpentier.

nous lui en voulons moins de son élévation extraordinaire que de sa prudence froide. Cependant sa vie nous donne tort, et c'est en vain que l'on a cherché à la défigurer. Par bonheur, madame de Maintenon commence à lasser ses biographes intéressés et cupides, et l'on ne trouve plus de calomnies à inventer sur son compte. Aujourd'hui, je l'espère, le lecteur ne s'arrêtera pas sans intérêt devant la figure discrète et l'esprit supérieur qui se dévoilent à chaque page de ses écrits. Il y verra ce que fut sa sagesse, et jusqu'à quel point elle-même mérite de passer pour favorisée et heureuse.

I

Elle le fut au delà de toute expression, si j'en juge par une gravure du temps et par les emblèmes louangeurs qui la décorent. Le portrait date de 1674. Madame de Maintenon venait de dépasser quarante ans et d'entrer en faveur. Admirable prétexte pour faire ressortir les grâces du maintien, la profondeur spirituelle du regard, bref, les traits durables par lesquels elle gagna

et conserva le cœur du monarque. L'artiste, un
homme naïf qui probablement se piquait d'être
roué, croit satisfaire à tout en rajeunissant pro-
digieusement son modèle. On dirait une beauté
de harem qui s'apprête à recevoir la visite du
maître, Esther qui attend Assuérus. Pour que la
ressemblance soit complète, elle reçoit un brevet
de pureté incorruptible, en même temps qu'un
certificat de grâces enchanteresses, et quatre de-
vises allégoriques viennent célébrer sa vertu.
Néanmoins, on y croit mieux devant l'émail de
Petitot, mignon chef-d'œuvre qui se trouve au
Louvre, et représente une belle dame de vingt-six
à vingt-huit ans, à la vérité plus agréable que
belle, coiffée à l'air de son visage, c'est-à-dire
avec une nonchalance étudiée, mais bienséante et
digne d'une femme du monde. Le sourire est tout
à fait discret, reposé, aimable, et pourrait être
celui de la Philothée de l'*Introduction à la vie
dévote*. Du reste aucune mollesse, ni dans l'expression de son visage, ni dans l'ensemble des
traits : le maintien est réservé, sans roideur ; le
regard, quoique caressant, est calme ; tout indi-
que le don de plaire avec décence, et le triomphe
obtenu sans moyens grossiers. A cette image vi-

sible, joignons un portrait moral d'autant plus
précieux qu'il est de la main même du modèle :
« Je fus dans le monde recherchée d'un chacun.
Les femmes m'aimaient, parce que j'étais douce
dans la société, et que je m'occupais beaucoup
plus des autres que de moi; les hommes me sui-
vaient, parce que j'avais encore les grâces de la
jeunesse. J'ai vu de tout, mais toujours en tout
honneur : c'était une amitié d'estime, et générale; je ne voulais point être aimée en particulier
de qui que ce soit, je voulais l'être de tout le
monde, faire dire du bien de moi, faire un beau
personnage et avoir l'approbation des honnêtes
gens; c'était là mon idole, dont je suis peut-être
punie présentement par l'excès de ma faveur.
Quand je commençai à n'être plus si jeune, ces
grands empressements diminuèrent un peu, mais
en même temps commença ma faveur, il n'y eut
point d'intervalle : l'une succéda à l'autre. Je
commençai à faire figure, et je continuai à travailler, par une conduite irréprochable, à m'attirer les louanges de tout le monde; il n'y a rien
que je n'eusse été capable de faire et de souffrir
pour faire dire du bien de moi; je me contrai-
gnais beaucoup, mais cela ne me coûtait rien,

pourvu que j'eusse une belle réputation : c'était
là ma folie ; je ne me souciais point de richesses,
j'étais élevée de cent piques au-dessus de l'intérêt,
mais je voulais de l'honneur. »

II

Agrément et bon sens, prudence continue et
naturelle, toute madame de Maintenon, à mes
yeux, est dans ces simples lignes, et l'on voit
d'avance se dessiner les qualités modestes qui
feront sa fortune. A les bien considérer, on trouve
que, les événements s'y prêtant, elle devait
réussir.

La prudence, il faut bien le dire, mais une
prudence aimable, sera son préservatif et son
guide. Toute jeune encore, elle se montre souple
sans ruse, judicieuse sans effort, non par esprit
d'imitation ou par précocité d'esprit, mais par
besoin de considération, d'amitié, d'attention,
de respect, de sourires, de déférences, et aussi,
puisqu'il faut tout dire, parce qu'elle se sait pauvre, et qu'en cet état elle se sent plus obligée
qu'une autre d'être précautionnée et complai-

sante, de veiller sur elle-même et de gagner
autrui.

D'autres ont conté son enfance, insisté sur les
misères qu'elle eut à traverser auprès de son père et
de sa mère. Privations de toute sorte, le manque
de tout et parfois de pain, l'humiliation de vivre
presque constamment à la charge des autres. On
sait que M. d'Aubigné était toujours en prison,
et que madame sa femme, comme on disait alors,
passait sa vie dans l'antichambre des juges. Un
beau matin, on annonça que M. d'Aubigné sortait
de prison et s'en allait en Amérique prendre pos-
session d'une place de gouverneur. Faveur étrange
et dont on vit bientôt la dérision. Les siens prirent
la grâce au sérieux, et ne reconnurent la vérité
que le jour où le navire les déposa sur une terre à
peu près inculte, en face d'une maison à peu près
inhabitable. A grand'peine, sur les prières de la
femme, on accorda un autre emploi au mari. Il
le remplit deux ans, puis mourut, laissant tout
juste aux siens de quoi revenir en France. Restait à placer les deux fils, la mère et la fille.
L'aîné, un bon sujet, se noya par accident, et
l'autre, qui marchait sur les traces du père, entra
comme page chez M. de Guise. Quant à la petite

Françoise, elle trouva asile chez madame de Villette sa tante, personne respectable et qui la traita
en enfant de la maison.

Mais comme madame de Villette était protestante, on jugea à propos de lui ôter l'enfant pour
la mettre chez madame de Neuillant, autre tante ou
cousine, bonne catholique, mais moins désintéressée. Là, Françoise fut nourrie, à condition de
s'en servir comme fille de basse-cour, et on veilla
à son instruction en lui donnant des dindons à
garder. Peu à peu l'éducation se compléta, on
lui donnait le fouet et on la faisait catholique.
Ainsi ballottée, tiraillée, elle n'en gardait pas
moins sa bonne humeur et parvenait à se faire
aimer de tous. Ce qu'elle raconte elle-même de
sa vie à cette époque prouve, ce me semble, un
bon esprit et un jugement sain, peut-être même
un bon cœur, en tout cas, un caractère qui se
trouve adroit, parce qu'il est naturellement bien-
veillant et sympathique.

« J'étais ce qu'on appelle une bonne enfant,
de sorte que tout le monde m'aimait, et qu'il n'y
avait pas jusqu'aux domestiques de ma tante qui
ne fussent charmés de moi, parce que je ne pensais qu'à leur faire plaisir. Étant un peu plus

grande, je demeurai dans les couvents; vous
savez combien j'y étais aimée de mes maîtresses
et de mes compagnes, toujours par la même raison, que je ne pensais, depuis le matin jusqu'au
soir, qu'à les servir et à les obliger. »

III

Avec de tels procédés, on gagne infailble-
ment l'estime, et l'on établit autour de soi un
rempart d'amitiés vives et durables. On le vit
bien dans son mariage avec Scarron, mariage
bizarre s'il en fut, et dont les préliminaires, un
peu défigurés par la légende, gagnent à être vus
sous leur jour véritable. C'est à tort que, sur la
foi de deux ou trois lettres un peu tendres, Scarron passe pour avoir tout à coup oublié ses infirmités et son âge. Le fait est qu'en traitant mademoiselle d'Aubigné en déesse, il parlait le
langage du temps et ne songeait point à l'amour.
Une chose non moins sûre, c'est que, sans être
sentimental et tendre comme un troubadour, il
était sincèrement bon et incapable de voir souf-

frir. D'ailleurs, il savait fort bien à quoi s'en tenir
sur mademoiselle d'Aubigné, le jour où madame
de Neuillant, pressée de se défaire d'elle, jugea à
propos de la lui amener. Il se souvint alors que
plusieurs mois auparavant il l'avait eue pour voisine avec sa mère, morte depuis; que même, une
fois ou deux, il avait pu leur rendre service. Du
reste, il ne se méprit nullement sur les desseins
qu'on lui prêtait. Mais on comptait sans sa générosité naturelle, sans ce profond instinct de pro-
bité qui l'empêchait de se rendre complice d'une
action vile et de mettre à profit un grand malheur.
Évidemment l'homme, pour madame de Neuillant, disparaissait sous le masque du satyre, et ses
propres sentiments l'empêchaient d'y découvrir
l'artiste. Il l'était néanmoins, et comme Byron
dont quelquefois il rappelle l'accent cruellement
railleur, comme Heine dont il semble l'ancêtre
dégradé, il appartenait à cette famille d'immortels
dévergondés qui tournent contre eux-mêmes
l'épée avec laquelle ils combattent la sottise humaine. Mais la fibre moqueuse ne vibre pas seule
chez ces vrais artistes, et, sur ce point encore,
Scarron leur ressemble. Ils ont du cœur, et sans
parler de ses œuvres aujourd'hui trop délaissées

et qui me semblent mériter une place à part, je
trouverai mes preuves dans sa conduite envers
mademoiselle d'Aubigné. J'ai dit quelles espérances madame de Neuillant fondait sur les penchants du vieux bohème. Notez que non-seulement il était infirme, mais pauvre, et que, ne
vivant pour ainsi dire lui-même que de bienfaits,
il n'était guère propre au rôle de bienfaiteur.
Avec un désintéressement complet, il songea
d'abord à lui donner un asile ; le seul qui fût convenable était un monastère. Il se dépouilla lui-
même pour offrir une dot à la jeune fille. Dot mi-
nime, sans doute, mais qui pouvait lui ouvrir les
portes d'un couvent. Elle était pieuse, et cependant elle s'empressa de décliner le sacrifice.
J'ignore si ce fut une déception pour Scarron : ce
qui ne fait point de doute, c'est que l'on peut fort
bien aimer Dieu de tout son cœur, et ne point se
soucier de le servir hors du monde. Ayant re-
connu que mademoiselle d'Aubigné manquait
de vocation, Scarron s'empressa de réparer
son erreur. De là, ce mariage dont l'idée tout
d'abord répugne, mais qui cesse de déplaire
lorsqu'on songe qu'il ne fut un marché ni pour
l'un ni pour l'autre, mais un échange de procédés

affectueux et de respects. Elle ornait une demeure, il donnait un abri.

IV

La nouvelle maison offrait un théâtre merveil-
leusement approprié aux qualités brillantes,
autant que solides, de la jeune épouse. Ajoutez-y
une circonstance très-agréable à une personne
de ce caractère : elle y trouvait les priviléges du
cloître en même temps que ceux du mariage, le
contentement de ses goûts mondains et de ses
scrupules de dévote. Elle pouvait voir la vie ga-
lante et à la mode, sans y prendre part, la goûter
de loin sans souillure, sans danger, sans péché,
et il y a peut-être un attrait qui pousse jusqu'aux
plus sages à la contemplation du fruit défendu.

Certes, le Paris d'alors n'était pas beau, mais
il était étrange, si l'on en croit Scarron et la
peinture que lui-même en a faite dans ces beaux
vers :

> Un amas confus de maisons,
> Des crottes dans toutes les rues,
> Ponts, églises, palais, prisons,
> Boutiques bien ou mal pourvues;

Forte gens noirs, blancs, roux, grisons,
Des prudes, des filles perdues,
Des meurtres et des trahisons,
Des gens de plume aux mains crochues;

Maint poudré qui n'a point d'argent,
Maint homme qui craint le sergent,
Maint fanfaron qui toujours tremble;

Pages, laquais, voleurs de nuit,
Carrosses, chevaux et grand bruit,
C'est là Paris, que vous en semble?

C'est sur cette vigoureuse eau-forte, loin de ces mauvaises odeurs et de ces fanges, que, dans un recoin tranquille et un peu provincial, s'allonge une rue paisible où se détache l'étroite façade d'un petit hôtel. Quoique médiocre d'apparence, on y voit se presser les plus élégants personnages d'alors. Le seuil est encombré de chaises à porteur, de carrosses. Des dames resplendissantes sous leurs dentelles, à larges jupes traînantes, des gentilshommes à grande mine ou à leste allure se croisent dans le vestibule, se rencontrent sur l'escalier à peine assez large pour contenir le va-et-vient de la foule. Le mouvement est encore plus grand au premier étage où, sur l'étrange et éclatant pêle-mêle des physionomies et des costumes, on distingue des figures comme

celle du cardinal de Retz, ou, derrière des groupes
de courtisans et de beaux esprits, on aperçoit
une Ninon essayant son luth, une Marion De-
lorme souriant aux propos du chevalier de Matta.
Au milieu du salon, et dans un cercle plus res-
serré, apparaît une figure souffreteuse, presque
difforme : une voix mordante s'élève, et chacun
de rire. C'est Scarron qui, cloué sur son fauteuil
de paralytique, lit le second chapitre de son
Roman comique. Soudain le silence renaît. A
travers ces trivialités de cabaret et d'auberge, à
travers les fantasques bigarrures de cette odyssée
de grand chemin, dans ce pêle-mêle chamarré de
comédiens et de reîtres, on a pu reconnaître la
touche de Callot. Cependant les femmes elles-
mêmes s'émeuvent, et telle avenante pensionnaire de l'hôtel de Bourgogne, qui vient de rire
à gorge déployée devant Ragotin empressé auprès
des comédiennes, devient songeuse et baisse la
tête en entendant énumérer les vertus de mademoiselle de l'Étoile.

Une autre figure encore a pu la troubler :
l'épousée d'hier, la dame du lieu, modeste sous
sa parure de fleurs, et telle que va la peindre Mi-
gnard, vient d'entrer par le côté opposé de la

salle. Souriante, et d'un front rougissant, elle
traverse légèrement les groupes qui s'écartent, et
son regard y sème à la fois les bienvenues et les
bonjours. Puis, rappelée par le silence de son
mari au sentiment de ses seize ans, elle presse le
pas et se hâte d'aller occuper un siége vacant auprès de lui. La lecture recommence, mais les as-
sistants, distraits, ne peuvent détacher les yeux
de ce ravissant visage, et se plaisent à y voir
passer tour à tour l'étonnement et le sourire.
Parfois aussi on y voit de petites mines dépitées,
des mouvements dédaigneux de lèvres, des
moues orgueilleuses de pensionnaire qui tout à
coup s'est souvenue qu'elle est « dame, » et,
comme telle, a droit au respect. Mais avant tout,
et toujours, on admire ce maintien inattaquable,
ces éclairs réprimés du regard, qui annoncent
l'empire de soi et la certitude de ne jamais faillir.
Cette perpétuelle domination de soi-même vient
d'éclater dans un silence; elle se manifestera
mieux encore tout à l'heure, quand le souper
servi viendra rassembler tant de convives dis-
semblables d'esprit et d'allures. Impossible de
prendre par surprise une personne qui se sent
forte de son bon sens et ne parle jamais sans ré-

fléchir. Le silence se fait quand elle élève la voix,
et la vivacité de ses réparties enchante ceux-là
mêmes que sa sagesse, toujours en garde, réduit
au silence et condamne au respect.

V

On vient de la voir occupée à faire les honneurs
de sa maison, et il a fallu reconnaître en elle une
honnête femme spirituelle, qui se sent protégée
par son caractère contre le nom de son mari.
Seule au logis, elle n'est pas moins aimable, et
ses habitudes d'ordre comme son égalité d'humeur montrent combien elle prend au sérieux son
titre d'épouse. Notez qu'à force de soigner ce
pauvre infirme, elle a fini par l'aimer, et vous
apprécierez à leur prix les regrets si touchants
que l'approche de la mort arrache au malade :
« Je mourrai, je le sens, bientôt ; mon seul regret, c'est de ne point laisser de bien à ma
femme, qui a infiniment de mérite, et de qui
j'ai tous les sujets imaginables de me louer. »
Mieux que du bien, il lui laissait des amis, un

nom honnête. Parmi ces amis, et grâce à leur
double titre de femmes influentes, mesdames de
Monchevreuil et Fouquet parvinrent plus efficace-
ment à la servir. Déjà, du vivant de Scarron,
elles aimaient en sa femme, d'abord une personne de leur condition, ensuite un modèle de
certaines vertus douces trop dédaignées, et qui
commençaient à refleurir. Elles auraient voulu
la conserver dans le monde, et l'instinct, comme
la réflexion, portait la jeune veuve vers ces as-
semblées choisies où la vertu se faisait mondaine
sous les traits d'une Sévigné, exquise sous ceux
d'une Lafayette; mais sa pauvreté l'en écartait.
Ses amies firent des démarches pour lui procurer
les moyens de vivre décemment et sans déchoir.
Deux mille livres de rente, accordées par la reine,
lui permirent de conserver ses amitiés en se reti-
rant aux Ursulines de la rue Saint-Jacques. «Là,
raconte l'aimable mademoiselle d'Aumale, une de
ses filles d'adoption préférées, elle voyait la meilleure compagnie, et, avec sa pension de deux
mille livres, elle gouverna si bien ses affaires
qu'elle était toujours honnêtement vêtue, quoique
fort simplement, car ses habits, comme elle me
l'a conté elle-même, n'étaient que d'étamine du

Lude, fort à la mode dans ce temps-là pour une personne de médiocre fortune. Elle n'avait que du linge uni, était bien chaussée, et avait de très-belles jupes. Elle trouvait moyen, sur ses deux mille livres, de s'entretenir comme je viens de le dire, de payer sa pension, celle de sa femme de chambre, et ses gages, et elle ne brûlait que de la bougie. Avec cela, elle avait encore souvent de l'argent de reste au bout de l'année. « Je n'ai jamais, me disait-elle, passé de temps plus heureux. »

Je le crois ; la vraie sagesse s'accommode de peu. D'ailleurs, elle aimait à se rendre agréable, à s'employer au service d'autrui. « Dans le temps que je demeurais à Paris, dit-elle, je ne manquais assurément de rien, et j'étais toujours dans une agréable compagnie qui aurait bien désiré que je ne l'eusse point quittée. Cependant j'allais ordinairement chez ma bonne amie, madame de Monchevreuil, qui était continuellement malade ou en couches ; et moi, je n'étais ni l'un ni l'autre. Je prenais soin de son ménage, je faisais ses comptes et toutes ses affaires. Un jour que j'avais vendu un veau quinze ou seize francs, j'apportai cette somme en deniers, parce que les bonnes

gens à qui je l'avais vendu n'avaient pu me
donner d'autre monnaie. Cela me chargea fort et
salit mon tablier. J'avais toujours les enfants de
madame de Monchevreuil autour de moi ; j'appre-
nais à lire à l'un, le catéchisme à l'autre, et leur
montrais tout ce que je savais. Elle avait entrepris de faire un meuble de tapisserie : je m'y mis
tout entière, jusqu'à suer, souvent. Nous travail-
lions en carrosse, durant un voyage de trois semaines que nous fîmes dans un temps fort chaud ;
elle avait deux beaux-frères qui enfilaient nos aiguilles pour ne pas perdre de temps. Je travaillais
sans penser au chaud ni au beau temps, et sans
sortir une seule fois pour prendre l'air... Je ne
pensais à rien de tout cela, tant je travaillais avec
affection, et cependant je demeurais chez elle
sans intérêt, et je quittais une maison de Paris
où j'étais fort aimée, où il me semble que j'aurais
eu plus de plaisir ; mais il n'en est point de plus
grand que celui d'obliger... Madame de Monchevreuil avait une petite fille dont les jambes étaient
tournées ; il y avait une certaine manière de l'em-
mailloter que je savais seule ; il fallait la changer
souvent. On venait me quérir au milieu d'une
compagnie, en me disant à l'oreille qu'elle avait

besoin d'être emmaillotée. Je me dérobais pour
lui rendre ce service, puis je retournais trouver la
compagnie. »

Ailleurs, elle dit encore : « J'avais mes man-
ches troussées jusqu'au coude, je frottais et aidais
à accommoder l'appartement de madame d'Heudicourt, qui était en couches de madame de
Montgon, parce qu'on devait lui rendre visite le
lendemain. Tous les meubles de sa chambre étaient
fort mal placés et toutes les tapisseries fort mal
faites. Je me mis avec le tapissier à les accommoder. Quand tout fut fait, j'étais dans une grande
fatigue ; et, à force de travailler, j'étais toute noire
de crasse, si bien qu'après cela il me fallut me
laver des pieds à la tête. Si j'avais voulu me tenir
au chevet du lit de madame d'Heudicourt, je ne
me serais pas si fatiguée. Il n'y a pas une seule
chambre à Heudicourt qui ne soit de ma façon. »

VI

Sans doute il fallait de la sagesse, même
quelque chose de plus, pour s'accommoder si bien

à une situation pareille. Ici, les faits parlent et
peuvent se passer de commentaire. En somme,
et quoi qu'elle pût faire, elle demeurait toujours
la *charmante malheureuse*, comme l'appelait la
maréchale d'Albret, en d'autres termes, une personne qu'on aidait, et qui, en retour, savait di-
vertir, rendre des services. Une telle situation ne
pouvait durer. Le monde, à la longue, se lasse
des meilleures vertus, et l'on a plus de profit à
les déployer à vingt ans qu'à trente. Avec la nou-
veauté et la jeunesse, l'attrait peu à peu diminua,
et allait faire place à l'indifférence, quand ses
soucis s'accrurent par la mort d'Anne d'Autriche.
Elle y perdait sa pension, c'est-à-dire son pain.
Ce dénûment réchauffa quelques cœurs, et l'on
essaya de la faire partir pour le Portugal, à la
suite de la future reine. Mais ce projet fut tra-
versé par une proposition qui, bien qu'infiniment
délicate, méritait de ne pas être rejetée sans examen. Le roi, lassé de mademoiselle de Lavallière,
commençait à la délaisser pour une personne
plus éclatante, et qui, enivrée d'elle-même, dou-
blait, par sa confiance triomphante, son prestige
et ses succès. Madame de Montespan, encore au
début de ses amours avec le roi, souhaitait en

cacher les suites, et madame Scarron, qu'elle connaissait pour l'avoir rencontrée dans le monde, lui fut proposée pour l'enfant qui allait naître. L'heureuse favorite accepta; ce fut une imprudence : elle ne vit pas qu'elle allait se donner un censeur, un censeur tacite, le plus redoutable de tous. Néanmoins madame Scarron ne s'empressait point d'accepter, faisant entendre que, si elle s'appelait Scarron, elle s'appelait aussi d'Aubigné, et se résignerait malaisément à un tel emploi. Le roi trancha la question en rangeant cet emploi parmi ceux de sa maison. Cet ordre mit fin à ses hésitations, non pas à ses anxiétés. Sa nouvelle charge lui donnait, il est vrai, de quoi vivre, mais, en retour, lui prenait son repos, sa santé. L'enfant et la nourrice habitaient, aux portes de Paris, un hôtel encore debout dans la rue de Vaugirard qui alors touchait à la campagne. Madame Scarron, obligée au plus grand secret, ne s'y rendait que le soir, et continuait en apparence à vivre comme avant. Ce surcroît de fatigue qui l'accablait augmenta encore à la naissance d'un second enfant, celui-là même qui eut toutes ses tendresses, et s'appelait le duc du Maine.

« Si madame de Montespan, disait-elle dans
l'un de ses entretiens familiers avec les dames de
Saint-Cyr, ne m'avait pas connue d'un caractère
infatigable et de bonne foi, elle ne m'aurait pas
choisie pour l'emploi que le roi me confia sous le
dernier secret..... Cette sorte d'honneur, assez
singulier, m'a coûté des peines et des soins in-
finis. J'étais montée à l'échelle, à faire l'ouvrage
des tapissiers et ouvriers, parce qu'il ne fallait
pas qu'ils entrassent; je faisais tout moi-même,
les nourrices ne mettant la main à rien, de peur
d'être fatiguées, et que leur lait ne fût pas bon.
J'allais souvent à pied, de nourrice en nourrice,
déguisée, portant sous mon bras du linge et de la
viande. Je passais quelquefois la nuit entière chez
un de ces enfants qui était malade, dans une
petite maison hors de Paris; je rentrais le matin
par une petite porte de derrière, et, après m'être
habillée, je montais en carrosse par celle de devant, pour m'en aller à l'hôtel d'Albret ou de Ri-
chelieu, afin que ma société ordinaire ne s'aperçut de rien et ne soupçonnât pas seulement que
j'eusse un secret à garder. »

Les rois ne nous semblent égoïstes que parce
que la plupart des dévouements dont ils sont

l'objet s'adressent moins à leur personne qu'à
leur rang. Louis XIV trouvait tout simple que l'on
se fît tuer pour lui, c'est-à-dire pour la couronne.
Cette fois, comme il s'agissait d'un pauvre enfant
malade, le dévouement de madame Scarron le
toucha : il lui témoigna qu'il lui en savait gré, et
ce ne fut pas sans plaisir qu'il trouva une personne spirituelle et aimable où d'abord il n'avait
cru trouver qu'une intendante accomplie. En secret, et sans qu'il s'en rendît compte, madame
Scarron répondait à l'un des besoins les plus im-
périeux de son caractère. Ce monarque fort re-
lâché dans ses mœurs avait, au fond de lui-
même, les penchants de régularité et d'ordre
qu'il imprima à tout son siècle. Madame Scarron,
avec son inébranlable sérénité et son paisible
sourire, lui était bien plus sympathique, au fond,
que l'impérieuse maîtresse, brillante poupée, qui
l'avait ébloui sans l'attendrir, et captivé sans le
rendre heureux. Sa liaison, déjà ancienne, commençait à perdre pour lui une partie de ses attraits; il n'en était que plus enclin à goûter les
douceurs d'un commerce tout amical, à apprécier les mérites d'une personne qui savait
l'égayer sans l'étourdir, qui l'occupait par son

entretien et le touchait par sa modestie, au lieu
de l'afficher par sa parade et de le choquer par
son orgueil.

VII

Ces marques de bienveillance ne pouvaient
manquer d'exciter la jalousie de madame de Montespan. La pauvre gouvernante, qu'on avait
d'abord traitée en amie intime, en confidente,
devenait une rivale. On ne pouvait la blâmer si,
placée par une autre auprès du roi, elle acceptait
sans scrupule des marques de politesse qu'elle
devait à sa vertu et à ses services ; mais cette
vertu même et ces services blessaient madame de
Montespan : la favorite n'y voyait qu'une critique
détournée de sa propre conduite et une humiliation pour son orgueil. Les caractères se heur-
taient : madame Scarron, incapable de passions
vives, manquait d'indulgence pour celles des
autres, et prêtait ainsi aux reproches, quelquefois aux épigrammes. On pouvait la trouver mal-
veillante et l'appeler prude, car elle ne pouvait

comprendre que l'on se refusât le plaisir, si vif à son gré, de mener une vie régulière. On connaît le joli mot de mademoiselle de Fontanges, qu'elle sollicitait de quitter le roi : «Mais, madame, vous me parlez de me défaire d'une passion comme de quitter une chemise. » Sans doute, elle n'entendait rien aux choses de l'amour, et cela se sent de reste aux préceptes, plus sages que délicats, que jadis elle adressait à son frère, récemment marié, elle-même âgée de moins de trente ans, et fort ignorante, dit-elle, en fait de bonheur conjugal [1]. Mais de ce qu'elle était irréprochable et même froide, il ne faut point conclure qu'elle fût de mauvaise foi, et je ne vois pas qu'il y ait lieu de la soupçonner d'hypocrisie, lorsqu'elle explique ainsi les motifs de sa brouille avec madame de Montespan : « Cette dame et moi, nous avons été les plus grandes amies du monde ; elle me goûtait fort, et moi, simple comme j'étais, je donnais dans cette amitié. C'était une femme de beaucoup d'esprit et pleine de charmes ; elle me parlait avec une grande confiance, et me disait tout ce qu'elle pensait. Nous voilà cependant brouillées sans que nous ayons eu le dessein de

______

1. Lettre CLXII, *Correspondance générale*, vol. II.

rompre. Il n'y a pas eu assurément de ma faute, et si cependant quelqu'un a sujet de se plaindre, c'est elle, car elle peut dire avec vérité : « C'est « moi qui suis cause de son élévation ; c'est moi « qui l'ai fait connaître et goûter au roi ; puis, « elle devient la favorite et je suis chassée. » D'un autre côté, ai-je tort d'avoir accepté l'amitié du roi, aux *conditions que je l'ai acceptée?* Ai-je tort de lui avoir donné de bons conseils, et d'avoir tâché, autant que j'ai pu, de rompre ses commerces? Mais revenons à ce que j'ai voulu dire d'abord. Si, en aimant madame de Montespan comme je l'aimais, j'étais entrée d'une mauvaise manière dans ses intrigues; si je lui avais donné de mauvais conseils, ou selon Dieu ou selon le monde; si, au lieu de la porter, tant que je pouvais, à rompre ses liens, je lui avais enseigné le moyen de se conserver l'amitié du roi, n'aurait-elle pas à présent entre les mains de quoi me perdre, si elle voulait se venger? Et ne pourrait-elle pas dire au roi : « Cette personne que « vous estimez tant me disait telle ou telle chose; « elle me portait à cela, elle me conseillait de faire « ainsi, etc. » N'ai-je pas raison de dire qu'il ne faut rien laisser voir, même à nos amis, dont ils puissent se prévaloir dans la suite contre nous, s'ils venaient à changer ? Tôt ou tard les choses se savent, et il est bien fâcheux d'avoir à rougir, dans un temps, de ce que l'on aura dit ou fait dans un autre. Je disais, il y a bien des années, à M. de Barillon [1], *qu'il n'y a rien de si habile que de n'avoir point tort, et de se conduire toujours, et avec toutes sortes de personnes, d'une manière irréprochable.* Il trouva que j'avais raison, et qu'en effet il n'y a rien de plus habile que d'être, par sa bonne conduite, à l'abri de toutes sortes de reproches. »

Toute la vie de madame de Maintenon s'explique par ces paroles : elles nous donnent à la fois le secret de sa force et la règle de sa conduite. Déjà les attentions du roi lui valaient les respects des courtisans, et la légitimation prochaine des bâtards allait ajouter à l'importance de leur gouvernante, désormais installée à la cour et élevée presque au niveau des femmes les plus distinguées par leur esprit ou par leur rang. Cette position, en apparence si brillante, avait ses servitudes. La plupart des lettres que madame Scarron écrivit à cette époque annoncent un découragement profond et

1. Il avait été amoureux d'elle.

le sincère désir de reprendre sa liberté. Elle avait
beau être sûre de l'appui du roi, il lui fallait lutter
contre les attaques incessantes de madame de
Montespan, subir ses caprices, y résister, main-
tenir un plan d'éducation, protéger les enfants
qu'elle aimait contre l'extravagance de leur mère ;
il lui fallait aussi se défendre contre sa propre
conscience, recourir à son directeur, combattre
des scrupules qui lui représentaient ce que sa situation présente avait d'incompatible avec l'honneur. Ce n'est pas tout : rien encore n'était fixé
dans son avenir, et les rechutes fréquentes du roi
donnaient tout à craindre : dernière misère, peut-
être la plus cruelle de toutes, pour une femme
accoutumée au bien-être, et qui savait par expérience ce que signifie le mal de pauvreté. Cette
anxiété fut enfin levée par un don de deux cent
mille livres, en récompense de ses services. Cependant elle n'abandonnait pas son projet de
quitter la cour, et, le jour même, elle écrivait à
l'abbé Gobelin, son directeur : «Je ne change point
sur l'avis de me retirer ; je suis inutile ici, et pour
moi et pour les autres. On nourrit très-mal ces
enfants ; il faut renoncer à ce pays-ci, ou il faut
agir et parler contre sa conscience ; vous savez

lequel des deux partis m'est le plus aisé. » Ce
directeur, homme avisé, ne lui permit point de
partir : une personne aussi pieuse devait rester
auprès du roi, user de son crédit pour le bien du
roi et des autres. La dévotion de madame de
Maintenon (c'était le nom de sa nouvelle terre),
plus accommodante que ne l'était sa vertu, se
laissa peu à peu persuader à souffrir l'aspect du
mal par esprit de pénitence, et dans l'espoir de le
faire cesser. Elle était trop bonne catholique pour
chercher à se soustraire aux desseins de la Providence. Elle continua donc, et peut-être non
sans plaisir, à demeurer un objet d'envie. D'ailleurs, l'avénement presque inattendu de mademoiselle de Fontanges n'était pas encore venu la
décourager. La mort de cette jeune et belle fille,
juste assez prompte pour laisser un regret au
cœur du roi, vint à point pour rétablir l'ascen-
dant de madame de Maintenon. Il s'accroissait
de l'estime que lui témoignait la reine. « C'est
Dieu, » disait cette princesse depuis longtemps
délaissée, « qui l'a suscitée pour me rendre
le cœur du roi. » Une charge de dame d'a-
tours, que le roi venait de lui donner en récompense de ses services, achevait de la rendre

considérable. Elle fut obligée de se monter une maison. Enfin, replacée à son vrai rang, devenue, comme disait madame de Sévigné, « l'âme de la cour, » elle s'y montra, comme toujours, prudente autant qu'aimable, je veux dire naturelle, exempte de fausse modestie, affable et bienveillante envers tous, retenue toutefois, et en garde contre les importunités qui suivent inévitablement la faveur : toujours charitable, occupée de bonnes œuvres, peut-être trop active en fait de conversions, soumise à son directeur jusqu'à lui rendre compte de l'argent qu'elle dépense en ajustements et en aumônes. N'oublions pas que sa force est, avant tout, celle de la patience, et que c'est par les petits moyens qu'elle devait réussir.

II

SON ESPRIT ET SA MORALE

I

La fortune n'altère point nos goûts, mais elle les épure, et leur assigne un champ d'activité plus élevé et plus large. On a vu que madame de Maintenon, quoique faite pour plaire dans le monde, ne possédait point, à proprement dire, l'esprit du monde. La solidité de son bon sens l'en éloignait, et aussi son penchant visible pour le ménage et les affaires. Les lignes suivantes prouvent qu'elle savait compter, et pouvait, en fait d'économie, en remontrer à la plus exacte ménagère de France ou de Navarre.

« Dépense par jour pour douze personnes,

monsieur et madame, trois femmes, quatre laquais, deux cochers, un valet de chambre :

Quinze livres de viande à cinq sous par livre.	3 l. 15 s.
Deux pièces de rôti.	2 10
Pour du pain.	1 10
Pour du vin. . . . . . . , ...	2 10
Pour du bois.	2 »
Pour du fruit.	1 10
Pour de la chandelle.	» 8
Pour de la bougie.	» 10
	14 l. 13 s.

« Voilà à peu près votre dépense, qui ne doit pas passer quinze livres par jour, l'un portant l'autre, la semaine 100 livres, et le mois 500 livres. Vous voyez que j'augmente, car 100 livres par semaine, ce ne serait que 400 livres par mois, mais en y joignant le blanchissage, les flambeaux de poix, le sel, le vinaigre, le verjus, les épices, et de petits achats de bagatelles, cela ira bien là. Je compte quatre sous en vin pour vos quatre laquais et vos deux cochers ; madame de Montespan donne cela aux siens ; et si vous aviez du vin en cave, il ne vous en coûterait pas trois. J'en mets six sous pour votre valet de chambre et vingt sous pour vous qui n'en buvez pas pour trois ; mais

j'ai mis tout au pis. Je mets une livre de chan-
delle par jour: c'en sont huit; une dans l'antichambre, une pour les femmes, une pour la cuisine, une pour l'écurie; je ne vois guère que ces
quatre endroits où il en faille ; cependant comme
les jours sont courts, j'en mets huit, et si Aimée
est ménagère et sache serrer les bouts, cette
épargne ira à une livre par semaine. Je mets pour
quarante livres de bois que vous ne brûlerez que
deux ou trois mois de l'année ; il ne faut que deux
feux, et que le vôtre soit grand. Je mets dix sous
en bougie ; il y en a six à la livre qui durera trois
jours. Je mets pour le fruit trente sous ; le sucre
ne coûte que onze sous la livre, et il n'en faut pas
un quarteron pour une compote ; du reste on
fonde un plat de pommes et de poires qui passe la
semaine en renouvelant quelques vieilles feuilles,
qui sont dessous, et cela n'ira pas à vingt sous
par jour. Je mets deux pièces de rôti, dont on en
épargne une le matin, quand monsieur dîne à la
ville, et une le soir, quand madame ne soupe pas;
mais aussi j'ai oublié une volaille bouillie sur le
potage. Tout bien considéré, vous verrez que nous
entendons le ménage. Vous aurez le matin un
bon potage avec une volaille : il faut se faire ap-

porter dans un grand plat tout le bouilli, qui est
admirable dans ce désordre-là. On peut fort bien,
sans passer les quinze livres, avoir une entrée de
saucisses un jour, d'une fraise de veau, un autre,
de langues de mouton, et le soir, le gigot ou
l'épaule avec deux bons poulets. J'ai oublié le rôti
du matin qui est un bon chapon, ou telle autre
pièce que l'on veut, la pyramide éternelle et la
compote. »

Ceci s'adressait à son frère qui venait de se
marier et qui n'était pas enclin à l'économie. Le
mariage, assez précipité, s'était fait sans l'assenti-
ment de madame de Maintenon, et ne fut pas de
son goût. La jeune femme, à son dire, est tout
simplement « une oison, une caillette de Paris,
l'image de la bourgeoisie, d'où elle sort. » Tels
sont du moins les petits termes d'amitié sous
lesquels elle la désigne au trop heureux mari. Le
mal est grand, certes, mais non sans remède, et
deviendra fort tolérable si on laisse faire madame
de Maintenon. « L'amitié que j'ai pour vous me
fait souhaiter que vous tâchiez de faire de votre
femme une personne raisonnable. Sa jeunesse
me donne courage d'y travailler, et si vous voulez bien ne pas détruire ce que je ferai de près et

de loin, j'espère que nous en ferons quelque chose. Il faut commencer par lui ôter les mauvaises habitudes qu'elle a pu contracter dans la maison paternelle, entre autres celle de manger du beurre à déjeuner, et des confitures à goûter.» Puis le mari, en gouvernante attentive, devra réformer son maintien, la faire lever matin, veiller à ce qu'elle aille régulièrement aux offices. Il devra, en outre, lui apprendre à « se passer de plaisir » et à « demeurer dans sa chambre en compagnie de son ouvrage et de quelques bons livres ; » mais surtout lui ôter les illusions qu'elle pourrait se faire sur son visage, lui prouver que, n'étant point belle, elle serait plus ridicule qu'une autre d'être vaine, veiller sur sa dépense particulière, savoir le prix des choses qu'elle achète, la réprimander quand elle fera des acquisitions inutiles, la louer au contraire lorsqu'elle se modère, et l'en récompenser par de petits cadeaux achetés pour elle, et au lieu d'elle. Dans les grandes occasions, on invoquera l'autorité de madame de Maintenon. « Menacez-la de moi, je gronderai, je lui ferai des présents ; enfin, il n'y a rien que je ne fasse. »

II

Tous ces détails sont bien minutieux ; ils sentent l'institutrice et la bourgeoise ; ils s'excusent pourtant, ou du moins ils s'expliquent si l'on tient compte de la grossièreté qui règne alors dans les sentiments et dans les mœurs. L'urbanité tant vantée des façons consiste à parler purement le français et à se faire réciproquement de beaux saluts. La politesse toute superficielle qui distingue les gens de cour s'endosse avec le costume et n'a pas pris racine au fond des cœurs. Il en est de même de la logique qui paraît correcte et s'emploie à falsifier l'histoire, et du roman qui prétend peindre des sentiments intimes et se borne à représenter des personnages de ballet ou des héros de tragédie. Mêmes contrastes dans les intérieurs, dans la façon de vivre. Les meubles sont magnifiques, mais incommodes, les lits à baldaquin empanaché sont chargés de dorures, mais durs comme du cuir. Un fond d'habitudes parcimonieuses et provinciales subsiste jusque dans les meilleures maisons et transforme les plus grandes

dames en ménagères qui s'inquiètent des chan-
delles brûlées à la cuisine et mesurent la nourri-
ture à leurs laquais. Madame de Maintenon écrit
à son frère embarrassé d'un dîner qu'il avait
reçu : « Ne vous piquez pas d'honneur de leur en
rendre ; mettez toutes les vilenies sur moi. » En
somme, tous ces personnages si beaux diseurs et
si prodigues de compliments n'ont pas encore dépouillé le vieil homme égoïste et brutal. La trame
dure perce à travers les galons d'or, et l'on sourit
à l'aspect de la charmante madame de Sévigné
qui fait elle-même bouillir sa marmite devant son
feu, et de la sévère madame de Maintenon qui
commence à se « défaire, » c'est-à-dire à se
déshabiller, dans la chambre même où Louis XIV
travaille avec son ministre. Ceci n'est rien auprès
des grossièretés qui tachent la vie privée et dont
voici un exemple :

« Les hommes, dit madame de Maintenon, n'ont
pas voulu que nous eussions de liberté, ils l'ont
prise pour eux ; ils vont seuls où il leur plaît ; on
les voit monter à cheval et courir et la nuit et le
jour... ils viennent et reviennent plus d'une fois
dans la journée, en faisant toujours sentir qu'ils
sont les maîtres ; ils entrent en faisant un bruit

désespéré, souvent avec je ne sais combien d'autres hommes ; ils vous amènent des chiens qui
gâtent tout ; il faut que la femme le souffre : elle
n'est pas la maîtresse de fermer une fenêtre ; si
son mari revient tard, il faut qu'elle l'attende pour
se coucher ; il la fait dîner quand il lui plaît ; en
un mot, elle n'est comptée pour rien... les hommes sont les maîtres, et comme ils se sont mis
au-dessus des bienséances, on ne saurait rien
leur dire... » Les mœurs grossières font la morale grossière, et il n'y a pas lieu de s'étonner si
madame de Maintenon ajoute : « Pour nous, nous
sommes pour obéir toute la vie. S'il y a quelque
liberté dans le monde, c'est pour les vieilles
veuves, car les jeunes mêmes n'en ont point, et si
elles veulent conserver leur honneur, il faut qu'elles
se remettent de nouveau sous le joug ; mais les
vieilles n'ont plus rien qui les engage, elles sont
seulement arrêtées par les bienséances qu'elles
doivent garder. Pour vous parler toujours franchement, il faut vous dire que ce n'est pas tout à
fait sur les hommes qu'il faut rejeter notre servitude : Dieu, de tout temps, a voulu que nous
obéissions ; il créa la première femme sujette à
l'homme et la lui donna pour compagne ; elle fut

tirée de dessous son bras pour marquer son autorité sur elle. Vous savez mieux que moi les his-
toires de l'Écriture sainte : on y trouve partout
des exemples de la sujétion des femmes et de leur
vie retirée. Voyez ce qu'en dit le Saint-Esprit dans
les Psaumes : « La femme sera dans le fond de sa
« maison comme une vigne abondante. » Il ne
la met pas sur le pas de sa porte, ni à la fenêtre,
encore moins dans la rue, mais dans le fond de sa
maison. »

III

Je n'ai nulle envie de contrôler les décrets du
Saint-Esprit, ni de relever les défauts d'un sys-
tème d'éducation conforme aux mœurs du temps,
et par cela même inapplicable aux besoins du
nôtre. Sa forme a pu vieillir, mais le bon esprit
qui l'a réglé subsiste et mérite de survivre. On
sait grâce à quel concours de circonstances naquit Saint-Cyr. Madame de Maintenon, mariée
avec Louis XIV, et de plus en plus plongée dans
la dévotion, avait renoncé au monde et ne s'occu-

pait plus guère que de bonnes œuvres. Avant tout, elle cherchait à améliorer le sort de la noblesse pauvre, alors fort misérable ; les filles de qualité, dont les pères étaient indigents, avaient plus que personne besoin de sa sollicitude ; elles savaient à peine écrire et souvent se perdaient faute d'éducation et de bons principes. Madame de Maintenon fonda Saint-Cyr pour elles. Cet établissement si voisin de Versailles lui fournissait encore un prétexte d'absence, et ce n'était pas le moindre de ses avantages aux yeux d'une personne ennuyée et qui n'aspirait qu'au repos. Elle n'en avait guère à Versailles, s'il faut l'en croire, et son éloquence, jadis si appréciée du roi, ne le trouvait pas toujours reconnaissant, ni même attentif. Son amour-propre, comme son cœur, souffrait de cette indifférence, et la vieille amie, désormais réduite au rôle de dame de compagnie, avait hâte d'échapper à sa pompeuse servitude pour aller retrouver une maison où elle se sentait libre et aimée. Là, elle pouvait s'épancher et payer la tendresse en confiance ; ces confidences, adressées aux religieuses chargées de l'instruction des élèves, témoignent assez de quelles misères elle sortait : « Madame, me par-

lant du roi et de la vie pénible qu'elle avait me-
née à la cour, me dit que, sans la persuasion où
elle avait toujours été que Dieu l'y voulait, elle
n'y serait jamais restée; qu'elle aurait plutôt été
à l'Amérique et fait quelque échappée imprudente, que d'y demeurer; mais qu'il lui avait paru
si visiblement que la Providence l'y avait conduite, qu'elle ne douta pas, quand elle se vit en
faveur, que Dieu n'eût des desseins particuliers
sur elle par rapport au roi. « Je haïssais la cour, »
me dit-elle (c'est madame de Glapion qui parle),
« et n'ai jamais désiré d'y être. D'ailleurs le roi
« ne me goûtait pas, et d'abord il eut assez long-
« temps de l'éloignement pour moi; il me crai-
« gnait sur le pied de bel esprit, s'imaginant
« que j'étais une personne difficile et qui n'ai-
« mait que les choses sublimes. Il me parut donc
« dans le changement qui arriva que tout était de
« Dieu, et je ne songeai qu'à entrer dans ses des-
« seins. Mais quand je me rappelle les dégoûts
« que j'ai eu à essuyer de sa part, le peu de fruit
« que je voyais et son éloignement pour ce que je
« tâchais de lui inspirer, je ne m'étonne plus de
« ce que monseigneur de Chartres m'écrivait si
« souvent de prendre patience, d'attendre en paix

« l'ouvrage de Dieu, que je ne perdais pas mon
« temps, que ce qui me paraissait oisiveté ou
« complaisance vaine servirait à attirer le roi et
« ferait enfin son effet ; que peu à peu la piété en-
« trerait dans son cœur, que je ne perdisse pas
« courage. Sa foi lui faisait espérer ce qu'on a vu
« depuis, quand ce grand roi a paru à sa mort si
« résigné, si humble, si rempli de piété, de reli-
« gion, de paix et d'amour de Dieu. »

« Je dis sur cela à madame qu'il me semblait
lui avoir ouï dire que, quand elle lui parlait de
son salut, il la rebutait quelquefois, et qu'un jour
qu'elle lui disait un mot à propos sur le néant de
sa grandeur, il reprit d'un air chagrin : « Vous
« ne perdez point d'occasion de me le dire. »
« — Cela est vrai, » reprit madame. « Cependant,
« ajoutait madame, cette préférence n'a pas laissé,
« à la fin, de lui inspirer de la piété. Mais quel
« martyre j'ai souffert ! et dans quelle gêne j'ai
« passé ma vie, pendant qu'on me croyait la plus
« heureuse femme du monde ! Hélas ! il me le dit
« en mourant lui-même : « — Je ne vous ai pas
« rendue heureuse, » en m'assurant qu'il ne
« regrettait que moi et m'avait toujours aimée.
« Comment cela s'accorde-t-il ? — « Je crois, lui

« dis-je, qu'il ne lui était pas difficile d'aimer
« quelqu'un qui ne pensait qu'à lui plaire, qu'il
« trouvait toujours prête à ce qu'il voulait, dont
« il sentait la droiture, qui ne lui demandait rien,
« qui ne voulait que sa gloire et son intérêt, qui
« lui sacrifiait tous ses moments et avec qui il
« était parfaitement libre. Il paraît étonnant qu'il
« ne songeât pas à vous rendre heureuse. Mais ces
« grands-là ne pensent qu'à eux. Vous paraissiez
« ne rien désirer, et il ne s'avisait pas d'autre
« chose que de jouir de la douceur de votre so-
« ciété, content que son amitié vous tenait lieu
« de tout. » — « Il est vrai, dit madame, qu'il
« m'aimait et plus que personne ; mais avec cela,
« il ne m'aimait qu'autant qu'il était capable d'ai-
« mer ; car les hommes, quand la passion ne les
« mène pas, sont peu tendres dans leur amitié. »

Elle s'arrête sur cette réflexion sensée et amère ;
le lecteur croit entendre le soupir résigné par lequel elle l'achève, et la commente. En somme, et
comme elle le dit elle-même quelque part, elle
s'est élevée, mais elle n'a point grandi. Louis XIV
ne l'a épousée que pour s'assurer une dame de
compagnie agréable ; quoique sa femme, il ne lui
reconnaît même pas le droit de manger à sa table.

Tout au plus, il lui accorde l'autorité d'une gouvernante dans sa maison, d'une pacificatrice dans
son intérieur, et, pour récompense, il déverse
sur elle le trop-plein de ses ennuis ou l'excès de
sa mauvaise humeur. Ce n'est pas encore assez
pour lui faire payer l'honneur d'une telle union,
et le récit dans lequel elle raconte l'emploi de ses
journées montre ce qu'on exigeait d'elle : « On
commence à entrer chez moi vers sept heures et
demie. C'est d'abord M. Maréchal; il n'est pas plus
tôt sorti que M. Fagon entre; il est suivi de
M. Bloin ou de quelque autre qui envoie savoir
de mes nouvelles. J'ai quelquefois des lettres extrêmement pressées qu'il faut que je place là, de
nécessité. Ensuite, viennent les gens de plus
grande conséquence : un jour, M. de Chamillard;
un autre, monseigneur l'archevêque; aujourd'hui,
c'est un général d'armée qui va partir; demain,
une audience qu'il faut donner et qui m'a été demandée, avec cette circonstance, que c'est presque toujours des personnes que je ne puis différer
de voir, car il le faut bien, par exemple, quand
les officiers partent, et ainsi des autres. M. le duc
du Maine attendait l'autre jour, dans mon antichambre, que M. de Chamillard eût fini. Quand il

fut sorti, M. le duc du Maine entra, et me tint
jusque quand le roi arriva ; car il y a là même un
petit agrément, c'est qu'ils ne sortent de chez moi
que quand quelqu'un d'au-dessus les chasse.
Quand le roi vient, il faut bien qu'ils s'en aillent
tous. Le roi demeure avec moi jusqu'à ce qu'il
aille à la messe. Je ne sais si vous prenez garde
qu'au milieu de tout cela je ne suis pas encore
habillée ; si je l'étais, je n'aurais pas eu le temps
de prier Dieu, j'ai donc encore ma coiffure de
nuit ; cependant ma chambre est comme une
église, il s'y fait comme une procession ; tout le
monde y passe, et ce sont des allées et des venues
perpétuelles.

« Quand le roi a entendu la messe, il repasse
encore par chez moi ; ensuite, la duchesse de
Bourgogne vient avec beaucoup de dames, et on
demeure là pendant que je dîne. Il semble donc
qu'au moins voilà un temps employé pour moi ;
mais vous allez voir comment : Je suis en peine
si la duchesse de Bourgogne ne fait rien de mal
à propos ; si elle en use bien avec son mari ; je
tâche de lui faire dire un mot à celle-ci, de voir si
elle traite bien celle-là. Il faut entretenir la compagnie, faire en sorte de les unir tous. Si quel-

qu'un fait une indiscrétion, je la sens ; je suis
embarrassée de la manière dont on prend ce qui
se dit ; enfin, c'est une contention d'esprit que
rien n'égale. Il y a autour de moi un cercle de
dames, de manière que je ne puis demander à
boire. Je me détourne quelquefois, et je leur dis,
en les regardant : « C'est bien de l'honneur pour
« moi, mais je voudrais pourtant bien avoir un
« valet. » Sur cela, chacune veut me servir, et
s'empresse pour m'apporter ce qu'il me faut, ce
qui est encore une autre sorte d'embarras et d'im-
portunité pour moi. Enfin, ils s'en vont dîner,
car je le fais à midi avec mesdames d'Heudicourt
et de Dangeau, qui sont malades. Me voilà donc
enfin seule avec elles, tout le monde s'en va. S'il y
avait un jour où je puisse ce qui s'appelle m'amuser un moment, ce serait ici, ou pour causer ou
pour jouer une partie de tric-trac. Mais ordinairement, monseigneur prend ce temps-là pour
venir me voir, parce qu'un jour il ne dîne point
ou il a dîné plus tôt pour aller à la chasse. Il
vient donc après les autres ; c'est l'homme du
monde le plus difficile à entretenir, car il ne dit
mot. Il faut pourtant que je l'entretienne, car je
suis chez moi ; si cela se passait chez un autre, je

n'aurais qu'à me mettre derrière dans une chaise et ne rien dire si je voulais. Les dames qui sont avec moi peuvent faire cela, si elles veulent; mais moi qui suis dans ma chambre, il faut que je paye ce qui s'appelle de ma personne et que je cherche quoi dire; cela n'est pas fort réjouissant. Après cela, on sort de table. Le roi, avec toutes les princesses et la famille royale, viennent dans ma chambre et y apportent avec eux une chaleur effroyable. On cause, et le roi demeure là environ une demi-heure; puis il s'en va, mais rien que lui; tout le reste est encore là, et comme le roi n'y est plus, on s'approche davantage de moi. Ils m'environnent tous, et il faut que je sois là à écouter les plaisanteries de madame la maréchale de G..., la raillerie de celle-ci, le conte de celle-là. Elles n'ont rien à faire, toutes ces bonnes dames; elles ont le teint bien rafraîchi, et n'ont rien fait dans toute la matinée. Mais il n'en est pas de même de moi, qui aurais bien autre chose à faire que de causer, et qui porte souvent dans le cœur un chagrin, une méchante nouvelle; cet assaut, par exemple, qu'on devait donner à Verrue, il y a quelque temps. J'ai tout cela dans l'esprit; je pense que peut-être, dans le monde, mille gens

périssent, que d'autres souffrent... Mais, pour
achever ma journée, après qu'on a ainsi demeuré
quelque temps, on s'en va chacun chez soi, et
savez-vous ce qui arrive? C'est qu'il reste toujours
quelqu'une de ces dames qui veut me parler en
particulier. Elle me prend par la main, me mène
dans ma petite chambre, pour me dire souvent
des choses désagréables et très-ennuyantes, car
vous jugez bien que ce n'est jamais de mes affaires qu'elle veut m'entretenir; c'est de celles
de leur famille. L'une a un démêlé avec son
mari, l'autre veut obtenir quelque chose du roi;
c'est un mauvais office qu'on a rendu à celle-ci;
c'est un faux rapport qu'on aura fait de celle-là;
une méchante affaire aux uns, quelque embarras
dans le domestique des autres, et il faut que
j'écoute tout cela; et celle qui ne m'aime point
ne s'en contraint pas plus qu'une autre; elle me
dit son affaire; il faut que j'aie la scène et que je
parle pour elle au roi. La duchesse de Bourgogne
a quelquefois à me parler; elle veut aussi que je
l'entretienne en particulier. Tout cela me fait quelquefois penser, quand j'y fais réflexion, que mon
état est bien singulier, car il faut bien que ce soit
Dieu qui l'ait fait. Je me vois là au milieu d'eux

tous ; cette personne, cette vieille personne, devient l'objet de leur attention !..., c'est à moi qu'il faut s'adresser, par qui tout passe ! et Dieu me fait la grâce de ne voir jamais ma condition par ce qu'elle a d'éclatant ; je n'en sens que la peine, et il me semble que, Dieu merci ! je n'en suis point éblouie, qu'il me permet que je voie cela tel qu'il est, que je ne me laisse point aveugler par la grandeur et la faveur qui m'environne. Je me regarde comme un instrument dont Dieu se sert pour faire du bien ; que tout le crédit qu'il permet que j'aie doit être employé à le servir et à soulager qui je puis, à unir entre eux tous ces princes, etc. Je pense quelquefois à la haine que j'ai naturellement pour la cour ; car cela n'est pas nouveau, c'est de tout temps. Dieu, cependant, m'y destinait ; pourquoi donc m'a-t-il donné de l'aversion pour elle ! Il faut bien que ce soit pour cela même, parce qu'il voulait que j'y vécusse et qu'il voulait m'y sauver. Madame de Montespan, au contraire, aimait fort la cour, non-seulement par les engagements qui l'y tenaient attachée, mais elle aimait la vie de la cour. Que fait Dieu ? Il y attache celle qui la hait, et il en éloigne celle qui l'aime, et apparemment pour le salut de toutes

les deux. Ah! qu'il fait bon le laisser faire, s'abandonner à lui, vivre au jour la journée en faisant
tout le bien qu'on peut. Il sait mieux ce qu'il nous
faut que nous-mêmes, et c'est assurément un
excellent directeur : il n'y a qu'à se livrer à sa
conduite. Poursuivons : Quand le roi est revenu
de la chasse, il vient chez moi ; on ferme la porte
et personne n'entre plus. Me voilà donc seule avec
lui. Il faut essuyer ses chagrins, s'il en a, ses
tristesses, ses vapeurs ; il lui prend quelquefois
des pleurs dont il n'est pas le maître, ou bien il
se trouve incommodé. Il n'a point de conversation. Il vient quelque ministre qui apporte souvent
de mauvaises nouvelles ; le roi travaille. Si on
veut que je sois en tiers dans ce conseil, on m'appelle ; si on ne veut pas de moi, je me retire un
peu plus loin, et c'est là où je place quelquefois
mes prières de l'après-midi : je prie Dieu environ
une demi-heure. Si on veut que j'entende ce qui
se dit, je ne puis rien faire. J'apprends là quelquefois que les affaires vont mal ; il vient quelque
courrier avec de mauvaises nouvelles ; tout cela
me serre le cœur et m'empêche de dormir la nuit.

« Pendant que le roi continue de travailler, je
soupe, mais il ne m'arrive pas une fois en deux

mois de le faire à mon aise. Je sais que le roi est seul ou je l'aurai laissé triste ; ou bien le roi, quand M. de Chamillard est près de finir avec lui, quelquefois me prie de me dépêcher. Un autre jour, il veut me montrer quelque chose, de manière que je suis toujours pressée, et alors je ne sais faire autre chose que de manger très-promptement. Je me fais apporter mon fruit avec ma viande pour me hâter ; tout cela le plus vite que je puis. Je laisse madame d'Heudicourt et madame de Dangeau à table, parce qu'elles ne peuvent faire comme moi, et j'en suis quelquefois incommodée. Après tout cela, vous jugez bien qu'il est tard. Je suis debout depuis six heures du matin ; je n'ai pas respiré de tout le jour : il me prend des lassitudes, des bâillements, et plus que tout cela, je commence à sentir ce que fait la vieillesse ; je me trouve enfin si fatiguée que je n'en puis plus. Le roi s'en aperçoit et me dit quelquefois : « Vous êtes « bien lasse, n'est-ce pas ? Il faudrait vous cou- « cher. » Je me couche donc. Mes femmes viennent me déshabiller ; mais je sens que le roi veut me parler et qu'il attend qu'elles soient sorties, ou bien il y reste encore quelque ministre, et il a peur qu'on entende. Cela l'inquiète et moi aussi :

que faire? Je me dépêche, et je me dépêche jusqu'à m'en trouver mal, et il faut que vous sachiez
que j'ai haï, toute ma vie, d'être pressée. A l'âge
de cinq ans, cela me faisait cet effet-là : je me
trouvais mal quand je me précipitais trop, parce
que je suis naturellement très-vive, et que, par
conséquent, je me presse assez de moi-même, et
je suis, par-dessus cela, très-délicate, de manière
que cela m'étouffe et fait ce que je vous dis.
Enfin, me voilà dans mon lit; je renvoie mes
femmes. Le roi s'approche et demeure à mon
chevet. Pensez-vous bien à ce que je fais là ? Je
suis couchée : mais j'aurais besoin de plusieurs
choses, car je ne suis pas un corps glorieux. Je
n'ai là personne à qui je puisse demander ce qu'il
me faut; j'aurais besoin quelquefois qu'on me
chauffât des linges, mais je n'ai pas là une femme.
Ce n'est pas que je n'en pusse avoir, car le roi est
plein de bonté, et s'il pensait que j'en voulusse,
il en souffrirait plutôt dix; mais il ne croit pas
que je m'en contraigne. Comme il est toujours le
maître partout, et qu'il fait tout ce qu'il veut, il
n'imagine pas qu'on soit autrement que lui, et il
croit que si je n'en ai pas, c'est que je n'en veux
pas. Vous voyez que ma maxime est de prendre

sur soi et de penser aux autres. Les grands, ordinairement, ne sont pas ainsi: ils ne se contraignent jamais et ils ne pensent même pas que les
autres se contraignent pour eux ni ne leur savent
point de gré, parce qu'ils sont tellement accou-
tumés de voir que tout se fait par rapport à eux,
qu'ils n'en sont plus frappés et n'y prennent pas
garde. J'ai été quelquefois, dans mes grands
rhumes, prête à étouffer par la toux sans pouvoir
être soulagée. M. de Ponchartrain, qui me voyait
toute cramoisie, disait au roi : « Mais elle n'en
« peut plus, il faudrait appeler quelqu'un, etc. »
Le roi demeure chez moi jusqu'à ce qu'il aille
souper, et environ un quart d'heure avant le
souper du roi, M. le dauphin et madame la duchesse de Bourgogne viennent chez moi. A dix
heures ou dix heures un quart, tout le monde
sort: voilà ma journée. Me voilà seule, et je
prends les soulagements dont j'ai besoin; mais
souvent les fatigues et les inquiétudes de la journée m'empêchent de dormir. »

IV

Ces confidences, d'ailleurs faites pour l'intimité, peuvent surprendre. N'oublions pas qu'elles viennent de la part d'une personne âgée, souvent souffrante, que cette personne, élevée en apparence au faîte de la grandeur, n'était, au fond, qu'une servante titrée, que cette servitude payée par la froideur et l'égoïsme devait tout naturellement aigrir un cœur avide de vrais respects et de caresses. Elle les trouvait à Saint-Cyr. Là est son asile, sa patrie, sa maison, son empire, son œuvre ; en cet endroit seulement, sa supériorité éclate tout entière, et ne subit aucune critique. Ailleurs on peut l'accuser de sécheresse ; à Saint-Cyr, elle est tout autre ; on ne peut nier qu'elle n'aime passionnément ses enfants, on s'en aperçoit non-seulement à la manière dont elle leur adresse la parole, mais à la façon dont elle entre dans leurs besoins, s'occupe de leurs jeux, réprimande les maîtres trop exigeants ou trop pédants qui les veulent parfaits et ne tiennent point compte de leur faiblesse. « Mais mon Dieu, dit-elle quelque part, ne se souvient-on point de sa jeunesse, et combien on s'est ennuyé à l'église avec sa mère? Combien on avait de peine à écrire, à travailler, à s'occuper de choses sérieuses? Enfin, comme on pensait différemment de ce qu'on pense? » Ce n'est point là le langage d'une institutrice, mais celui d'une mère, et ces simples paroles font juger du reste. Je n'ai pas besoin d'insister sur l'avantage d'un plan d'éducation bien lié, exactement suivi, appliqué avec simplicité et droiture, et qui avait pour but, non l'acquisition des agréments extérieurs, mais le perfectionnement de l'âme. Cependant madame de Maintenon connaissait la vie, et son expérience, son infaillible bon sens lui disaient qu'il faut rendre une femme non-seulement bonne, mais agréable, que l'honnêteté est un devoir, mais que la candeur extrême est un danger, qu'elle fait bien d'être instruite, mais que sa meilleure science est de se faire aimer. Bien mieux, ayant remarqué : « que les femmes ne savent jamais qu'à demi, et que le peu qu'elles savent les rend communément fières, dédaigneuses, causeuses, et dégoûtées des choses solides, » elle juge im-

portant de n'exercer leur esprit que pour fortifier
leurs principes, et de réduire leur réflexion et
leur instruction à l'art de se bien conduire.
Qu'elles soient vertueuses et raisonnables, voilà
le but et l'essentiel, le reste n'est qu'un moyen
ou un accessoire. Cela paraît aisé, mais la tâche
est difficile ; pour s'en convaincre, il faut compter
tous les soins qu'elle prend pour suggérer à ses
enfants des idées justes, pour leur inspirer le
respect et le goût de la règle, pour appuyer la
morale sur la logique et la religion, pour enseigner les bonnes façons inséparables de la bonne
piété, pour trouver le biais qui accorde la politesse du monde avec celle de l'Évangile. Tout
événement amène avec lui sa leçon ; elle accou-
tume ses jeunes filles à la démêler ; elle les aide
en cela, elle réfléchit tout haut devant elles, et les
pousse à réfléchir. Elle exhorte ou provoque leur
pensée naissante, elle les questionne, elle les
oblige à s'appesantir sur le sens des mots, à en
sonder la profondeur, tout cela en causeries familières, pleines de naturel, d'abandon, parfois d'a-
grément, et pourtant d'une solidité extrême, telles
qu'en tout siècle toute personne peut profiter en
les lisant. Elle n'avance rien sans preuves, elle ne

procède point par simples maximes, comme les
maîtres ordinaires ; elle appuie les préceptes généraux sur des exemples circonstanciés, sur de
petits faits. Elle se met à la portée des enfants ;
c'est la seule façon de les toucher et de les instruire. Voici comme elle parle à mademoiselle de
Provieuse qui n'a que sept ans, et paraît nouvelle
dans la maison. « Madame de Maintenon demanda à mademoiselle de Provieuse, si elle savait ce que c'était qu'une fille raisonnable. La demoiselle ne sachant pas trop que répondre à cette
question, madame de Maintenon lui dit : « Une
personne raisonnable, c'est une personne qui fait
toujours et à chaque heure du jour ce qu'elle doit
faire, qui commence la journée par adorer Dieu
de tout son cœur, non pas seulement parce qu'on
lui a dit de le faire, ou parce que les autres le
font, mais qui pense tout de bon à s'offrir à Dieu,
en tout ce qu'elle fera pendant le jour. Elle se
lève promptement, s'habille avec diligence, modestie et le plus proprement qu'elle peut ; fait
bien son lit, arrange bien ses hardes, aide aux
plus petites, si elle a du temps de reste. Elle
descend à la classe, y prie Dieu avec respect et
avec dévotion, sans badiner et sans rire, car rien

n'est plus sérieux que de prier Dieu. Après cela, elle déjeune aussi de tout son cœur ; s'il est permis de parler, elle le fait, sinon, elle garde le silence et s'entretient avec Dieu. Elle va au chœur pour entendre la messe, elle pense à se bien placer, elle regarde si ses compagnes ont de la place, elle se met vis-à-vis d'elles, elle ne regarde point de tous côtés pour voir ceux qui entrent ou qui sortent ; elle s'applique aux parties de la messe avec tout le respect et la dévotion dont elle est capable, parce que, de toutes les choses de la religion, c'est la plus sainte. Elle retourne à la classe, où elle s'occupe à ce qui est marqué ; elle s'applique à bien apprendre à lire, à écrire ; si elle est capable de montrer aux autres, elle s'y donne tout entière, comme si sa vie en dépendait ; elle écoute avec attention et respect, tâche de comprendre ce que l'on dit et d'en tirer quelque profit pour sa conduite intérieure ou extérieure, selon la matière dont on parle. Avant d'aller dîner, elle fait son examen particulier, pour voir en quoi elle peut avoir déplu à Dieu, dans la matinée, pour lui en demander pardon, et prendre résolution de mieux faire le reste du jour ; elle regarde surtout si elle n'est tombée en

rien dans le principal défaut dont elle a entrepris
de se défaire. Voilà notre personne raisonnable
au réfectoire ; qu'y fait-elle? Elle y mange de
bon appétit, point en gourmande, la tête sur son
assiette, mais de bonne grâce et proprement ; et
puisque Dieu a bien voulu qu'on trouvât du plaisir dans le manger, elle le prend sans scrupule
et avec simplicité. Elle écoute la lecture avec encore plus de plaisir, et c'est sa principale intention ; elle fait la récréation d'aussi bon cœur que
le reste, y apporte la joie, saute, danse, et joue
volontiers à tout ce que les autres désirent ; elle
pense à les réjouir, car cette personne raisonnable
fait bien tout ce qu'elle fait, et il ne serait pas raisonnable d'être sérieuse à la récréation, et de n'y
vouloir jamais parler que de choses graves ou de
dévotion. Elle écoute ensuite la lecture ou l'instruction, tâche de la retenir, et demande ce qu'elle
n'entend pas ; elle apporte la même application
aux exercices de l'après-midi, qu'elle a fait à ceux
du matin ; elle travaille de son mieux, elle ne perd
pas un moment de temps, elle chante avec les
autres, et est ravie de chanter les louanges de
Dieu ; elle écoute le catéchisme sans ennui, tâ-
chant de s'en bien instruire. Elle va souper comme

elle a dîné, et ensuite à la récréation, où il faut
encore bien sauter, se promener, jouer et rire;
car cette personne est fort gaie. Elle fait la prière,
et l'examen, et s'ira coucher, parfaitement contente de sa journée. »

C'est bien là, ce me semble, le ton qu'il faut
prendre avec les enfants, et l'on croit voir d'ici la
rougeur, les yeux baissés, les mines timides, les
airs embarrassés ou souriants des petites filles
muettes sous la parole de « Madame. » Cette parole affectueuse avec les petites devient grave et
touchante quand madame de Maintenon s'adresse
aux grandes, et, pareille à une mère parmi ses
filles, s'applique à leur montrer ce qu'elle sait;
sa tapisserie à la main, en femme qui connaît le
prix du temps, elle leur raconte ce qu'elles peuvent gagner à connaître de la cour, ou du monde.
Car pour vouloir les femmes attachées à leur devoir, elle ne les veut pas ignorantes, et les lettres
de mademoiselle de Glapion, de mademoiselle
d'Aumale, de tant d'autres, également attrayantes,
le prouvent de reste. Leur lecture seule suffirait
pour témoigner en faveur d'une éducation qui
passe aujourd'hui pour arriérée, et me paraît tout
simplement parfaite, si je songe qu'avec les bons

principes, elle produit les bonnes manières, et
enseigne aux femmes, non-seulement les devoirs
qu'elles sont tenues de remplir, mais encore les
respects auxquels elles peuvent prétendre. Rien
de plus attachant que ces lettres de jeunes filles
rien de mieux fait pour montrer ce qu'on était à
Saint-Cyr. Néanmoins, leur grâce originale pourrait faire oublier le talent de l'institutrice, et on
apprécie mieux la supériorité de madame de
Maintenon, quand on la voit à l'œuvre. Voici une
de ses leçons, recueillie par la plume même des
jeunes filles qui l'écoutent : « Puisque vous
nous avez ordonné d'écrire ce que nous dîmes
hier à la récréation, nous le ferons le plus exactement et le plus simplement qu'il nous sera possible. Madame de Maintenon eut la bonté de venir
exprès pour corriger nos lettres, comme nos
maîtresses l'en avaient priée ; elle fit d'abord ap-
procher toutes les demoiselles, et celles de qui l'on
devait corriger les lettres étaient les plus proches
d'elle ; elle leur montra, l'un après l'autre, les
défauts qui étaient dans celles qu'on lui présenta,
nous faisant voir particulièrement combien le
style simple, naturel, et sans tour, est le meilleur, et celui dont toutes les personnes d'esprit

se servent, nous disant que le principal, pour
bien écrire, est d'exprimer clairement et simplement ce que l'on pense. Elle nous donna pour
exemple M. le duc du Maine, qu'elle faisait écrire
lorsqu'elle en était chargée, qu'il n'avait encore
que cinq ans ; elle nous raconta que, lui ayant
dit un jour d'écrire au roi, il lui avait répondu,
fort embarrassé, qu'il ne savait point faire de
lettres. Madame de Maintenon lui dit : « Mais
« n'avez-vous rien dans le cœur pour lui dire ? —
« Je suis bien fâché, répondit-il, de ce qu'il est
« parti. — Eh bien ! écrivez-le, cela est fort bon. »
Puis elle lui dit : « Est-ce là tout ce que vous
« pensez ? N'avez-vous plus rien à lui dire ? — Je
« serais bien aise qu'il revînt, répondit le duc
« du Maine. — Voilà votre lettre faite, lui dit ma-
« dame de Maintenon, il n'y a qu'à le mettre sim-
« plement, comme vous le pensez, et si vous pen-
« siez mal, on vous redresserait. — C'est de
« cette manière, ajouta-t-elle, que je lui ai mon-
« tré, et vous avez vu les jolies lettres qu'il a
« faites. »

V

J'ai beaucoup cité; c'est que pour faire connaître madame de Maintenon, il fallait laisser parler madame de Maintenon. On en a le droit, depuis qu'un homme distingué, prenant à cœur de défendre sa mémoire, a consacré une partie de sa vie à retrouver et à réunir ses écrits. Madame de Maintenon y reparaît tout entière avec ses grandes qualités et ses petits défauts, une personne serviable, active, prudente, sensée par excellence, d'un esprit plus droit que large, plus avisé que profond, capable de poursuivre longuement un but, et de suivre exactement des principes, incapable de ces élans généreux qui nous font élargir nos principes et dépasser notre but, toujours réfléchie et positive, et, dans ces limites, ayant passé sa vie à faire ce qu'elle croyait le plus utile et le meilleur. En dehors de l'intérêt historique, il y a là un intérêt philosophique. Elle est un type d'esprit tout français, et on rencontre le sien, à un degré moindre, dans beaucoup de nos dames bourgeoises ou nobles, si habiles à gouverner une maison, à organiser, à administrer, à

conduire une affaire, à tenir leur place, à faire
régulièrement et honnêtement fortune, dans l'enceinte des convenances acceptées et des idées éta-
blies. Loin de moi la pensée de chercher là le prétexte d'un blâme. Les plus grands ont des airs
de famille avec les plus petits, et si l'on se donnait la peine de chercher, on retrouverait peut-
être certains traits de Joseph Prudhomme dans
la solennité de Louis XIV, ou du moins dans la
solennité de sa perruque. Quoi qu'il en soit, le
lecteur en sait assez sur madame de Maintenon
pour apprécier les mérites très-grands de son
esprit et assez grands de son cœur. A considérer
d'ensemble son caractère, je le comparerais volontiers à un jardin, un de ces jardins comme en
dessinaient Mansard ou Le Nôtre. Le manque d'espace s'efface, dissimulé par la régularité des allées ;
l'abondance des charmilles, adroitement disposées,
supplée au défaut de vue ; enfin les sentiers cor-
rects, les murailles de verdure trompent l'œil et
forment des passages étroits mais commodes, qui
aboutissent invariablement au même but, j'allais
dire au même mur. Ce mur, ou ce but, selon que
le lecteur voudra l'appeler, c'est le salut éternel.

LADY MARY

WORTLEY MONTAGU

———

Lady Mary Wortley Montagu est une grande dame anglaise du dix-huitième siècle, aussi célèbre en Angleterre par sa correspondance que madame de Sévigné l'est en France par la sienne. Son style est un modèle d'anglais classique ; elle a vécu familièrement avec les hommes d'État et les écrivains les plus distingués de son temps ; échangé des lettres avec Pope, lord Hervey, le poëte Young. Elle a voyagé, pensé ; elle a eu des opinions politiques et philosophiques. Enfin, circonstance remarquable chez une femme, elle a montré de l'impartialité dans ses jugements et de la modération dans ses vues. D'autre part, elle a introduit la vaccine en Angleterre, et mérite jusqu'à un certain degré la reconnaissauce nationale. Voilà bien des titres à l'attention ; elle en a encore d'autres pour les Français : c'est une Anglaise, un type de femme singulier et nouveau pour nous. La sagesse et l'esprit de madame de Sévigné sont d'une mère ; la sagesse et l'esprit de lady Mary Wortley sont d'une grande dame du dix-huitième siècle. Sa morale est moins saine que celle de madame de Sévigné, et sa philosophie, souvent empreinte de scepticisme, se borne à estimer les biens positifs et à fuir les maux imaginaires. « Tout le secret du bonheur, disait-elle, consiste à porter de préférence nos regards sur ce que notre situation peut offrir d'avantageux. » Elle se proposa de vérifier la justesse de cet axiome ; mais l'épreuve ne répondit point à son attente, et lui montra l'insuffisance d'une sagesse qui repose principalement sur l'égoïsme, et confond le repos avec l'indifférence.

I

Lady Mary Pierrepont, fille cadette d'Evelyn, lord Dorchester, eut en naissant tous les dons de

la fortune, l'esprit, la beauté, tous les moyens
de jouer un rôle de reine. Elle naquit à Londres,
en 1689, d'une famille qui tenait depuis longtemps un rang élevé dans le Nottinghamshire.
La révolution qui assurait le trône à la dynastie
de Hanovre fit la fortune de son père. Ce sei-
gneur, homme de plaisir et de mœurs dissipées,
était l'un des chefs du parti whig, et occupa plusieurs charges considérables pendant les règnes
d'Anne et de George Ier. Le roi, qui voulait s'attacher un adversaire déclaré de l'ancienne monarchie, le nomma d'abord marquis, puis duc de
Kingston. Sa maison était le rendez-vous des
beaux esprits du temps, et les littérateurs Addison
et Steele comptaient parmi ses amis intimes. Avec
des idées libérales et des dehors aimables, il se
montrait fort despote dans son intérieur, et représentait à merveille le type du père de famille
féodal, haut justicier et grand baron, qui regarde
ses enfants comme ses sujets. Lady Mary, selon
l'ancienne coutume, ne paraissait jamais devant
le duc sans s'agenouiller devant lui et lui demander de la bénir; mais le cœur n'entrait pour rien
dans cet hommage. Lorsque plus tard elle apprit
la mort du duc, elle ne craignit pas de dire qu'elle

ne feindrait jamais des regrets hypocrites. « Je
ne vois pas, ajoute-t-elle, pourquoi la mesure de
la tendresse filiale excéderait celle de la tendresse
paternelle. » Ce trait peint l'espèce de franchise rude qui la caractérise, et lui attira par la
suite tant d'ennemis. Elle avait perdu sa mère
presque en naissant, et fut confiée par son père à
son aïeule. Celle-ci, dame et suzeraine sur son
domaine de West-Dean, lui communiqua de
bonne heure l'habitude de la domination et le
goût du sarcasme. Heureusement elle lui donna
aussi l'exemple des grandes manières et le goût
des belles choses. Lady Mary apprit à lire sur les
pages coloriées d'un vieux fabliau. L'antique salle
consacrée aux archives ouvrait sur une pelouse
parsemée d'arbres. La leçon finie, sa grand'mère,
majestueuse comme la reine Élisabeth, lui permettait d'aller jouer avec le chien, ou de faire la
chasse aux papillons; puis venaient des courses
équestres où la petite fille, svelte dans sa jupe
longue, chevauchait à travers les vieilles futaies,
et, rasant le sol moussu, faisait voltiger l'or de ses
boucles tantôt à l'ombre chaude, tantôt dans l'é-
clatante lumière. A mener cette vie, elle devint
pétulante comme un jeune faon, fraîche comme

les premières roses. Cela dura quelques années : un matin, le soleil, pénétrant à travers les vitraux blasonnés de la chapelle, éclaira des draperies funèbres, et la petite fille entendit le bruit des cloches qui sonnaient l'enterrement de son aïeule.

Le duc, venu pour la cérémonie, emmena sa fille à Londres. Elle avait huit ans, et s'entendait mieux à sauter un fossé qu'à réciter ses prières. Lord Kingston ne l'en aima que mieux. Il prévit qu'elle lui ferait honneur et se montra fier d'elle. Le trait suivant prouve combien il se plaisait à encourager sa vanité naissante. Le duc, qui appartenait au parti whig, faisait partie du *Kit-cat-club*, association fashionable et presque uniquement composée d'hommes marquants. Des ministres comme sir Robert Walpole, des écrivains comme Addison, y causaient tour à tour de politique ou de littérature, vantaient le talent de telle actrice ou discutaient le mérite de tel orateur. D'ordinaire les séances s'ouvraient par un toast en l'honneur d'une beauté à la mode. La liste s'était épuisée, et l'on cherchait vainement un nom nouveau, quand le duc, ce jour-là président, proposa la santé de sa fille. La proposition fit sourire ; mais le duc envoya chercher l'enfant. Des cris d'admiration l'accueillirent. La petite personne, se voyant regardée, alla de l'un à l'autre, souriant à celui-ci, jouant avec le nœud de manchette de celui-là. On s'amusa de son gentil babil, et tous s'accordèrent pour lui décerner la palme. Son portrait placé dans l'une des salles du *club*, son nom gravé sur l'une des coupes, perpétuèrent le souvenir de ce premier triomphe. Elle en racontait les détails jusque dans son extrême vieillesse, ajoutant qu'il avait été le plus doux comme le plus complet de sa vie. Déjà perçait en elle le besoin passionné d'admiration et d'hommages qui trop souvent devait lui faire confondre le plaisir avec le bonheur. A douze ans, la *divinité* future se croyait d'autant mieux reine que personne ne venait contrarier ses caprices. Son frère, ses deux jeunes sœurs, s'inclinaient devant ses volontés hautaines d'enfant gâtée. Le père, distrait par ses habitudes mondaines, se montrait satisfait s'il la voyait belle, et sa vieille gouvernante, puritaine et dévote, fermait les yeux, pourvu qu'elle fût libre de lire sa Bible. Lady Mary, quoique turbulente, n'abusa point de cette liberté, et borna ses espiégleries à deux ou trois escapades. Elle avait des rendez-vous nocturnes avec de petites voisines, et causait avec elles au bout du jardin, à cheval sur un mur. Elle disait plus tard que c'était afin d'imiter Pyrame et Thysbé, dont elle venait de lire la légende. Je croirais plutôt que c'est par esprit d'insubordination et pour sortir du commun.

Un reste de barbarie plaçait encore l'instruction dans la connaissance du latin et le savoir dans la pédanterie grave. Lady Mary, si bien faite pour n'étudier que l'art de plaire, voulut devenir savante. Dès l'âge de douze ans, elle prenait plaisir à s'entourer de dictionnaires et de grammaires, et, en guise de récréation, s'amusait à traduire en anglais les *Elégies* d'Ovide. On aime à croire qu'elle ne les comprit pas. Ces erreurs font sourire ; toutefois on ne saurait blâmer les maladresses sans tenir compte du zèle. La négligence de son père, qui s'était lassé de jouer à la poupée avec elle, la privait de professeurs réguliers, et elle se voyait réduite à demander des conseils à droite et à gauche. Les amis de la maison, entre autres Steele et l'évêque Burnet, se plaisaient à diriger la jeune fille. L'évêque la louait souvent ; elle lui dédia une traduction du *Manuel* d'Épictète. La traduction est médiocre ; en revanche, la

dédicace est pompeuse, gonflée de citations la-
tines, hérissée de passages d'Érasme. Le tout se
compose d'un assortiment convenable de phrases
sur le rôle de la femme dans la société moderne.
Ces théories de l'émancipation de la femme n'ont
jamais été qu'un thème oratoire; elles convien-
nent aux débutants : avant d'écrire, on fait de la
rhétorique; avant de penser par soi-même, on répète les idées d'autrui. Celles-ci pouvaient, par
l'effet du contraste, plaire à une jeune fille froissée
de la grossièreté des mœurs environnantes et humiliée du rôle que les femmes jouaient de son
temps. Froid dévergondage, cynisme brutal, voilà
quels traits dominent dans la société anglaise du
dix-huitième siècle. Grands seigneurs et grandes
dames, c'est à qui s'entendra le mieux à voler, à
piller, à tricher. La cour du roi George est dis-
solue sans gaîté, bruyante sans abandon. On dirait d'une auberge placée à la sortie d'un temple
protestant. Le voisinage de la chaire commande
un certain décorum; mais la brutalité foncière
garde ses droits, et on laisse échapper des gau-
drioles parsemées d'expressions bibliques. Le
maître, Allemand bonasse et d'habitudes pe-
santes, a soin de choisir ses maîtresses, j'allais

dire ses servantes, parmi celles qui se conforment le mieux à ses habitudes. L'une d'elles, sa compatriote, a quarante-cinq ans ; c'est sur le conseil de son mari, gentilhomme dépourvu de préjugés, mais fort endetté, qu'elle s'est arrangée de façon à obtenir le titre de favorite. Quel contraste avec les scènes gracieuses qui, vers la même époque, se déroulent dans les boudoirs de Paris et de Versailles ! Ici, sur les bords de la Tamise, les querelles se vident à coups de poings, et les aventures galantes se dénouent par un marché. Les femmes du monde, même celles qui se conduisent le mieux, subissent l'effet du mauvais exemple, et voici comme lady Mary s'exprime sur le compte de lady S..., respectable personne qui vient d'accoucher et voudrait nourrir. « Le lait d'une bonne vache paissant parmi de frais herbages me paraît infiniment préférable à celui d'une femme qui dévore des mets épicés, s'abreuve de ratafia, passe la moitié de ses nuits à danser ou à jouer, le sang échauffé par l'appât du gain ou la contrariété de la perte. » A la manière dont vivaient les femmes vertueuses, on devine la conduite des autres. Il s'agit ailleurs d'une dame de grande maison, et dont le mari occupe un emploi

élevé. « Elle a deux amants attitrés, l'un pour l'utilité, l'autre pour l'effet. » Les hommes, descendant
encore plus bas, ne se font point scrupule de fré-
quenter des bouges hantés par les laquais, et d'é-
changer leurs maîtresses contre celles de ces mes-
sieurs. Les laquais par contre ne se font point
scrupule d'usurper le rôle des maîtres. On connaît
l'histoire d'Arthur Gray, le jeune valet qui faillit
payer de sa vie un crime d'amour. Il s'était épris
de la fille de son maître, et l'avait surprise dans
son sommeil. La noble dame, profondément blessée, réclama impitoyablement le châtiment du
coupable. Ses amies, plus indulgentes, prétendi-
rent que le malfaiteur n'avait d'autre tort que
d'être laquais. J'ignore s'il faut les prendre au
mot; mais lady Mary la première semble trouver
qu'un valet, après tout, est un homme.

Le duc, demeuré veuf, passait presque toute
l'année dans son domaine de Thoresby. La saison
des chasses y rassemblait de nombreux convives,
et le maître de la maison, fort difficile à l'endroit
du service, exigeait non-seulement que sa fille
présidât à la table d'honneur, mais découpât
elle-même les viandes. Lady Mary, ne trouvant
pas le temps de manger à table, se faisait ces

jours-là servir chez elle. Elle n’en avait pas moins à subir des conversations gênantes pour les oreilles d’une jeune fille. Les convives, excités par la bonne chère, ne se piquaient guère de délicatesse. Parfois elle ne pouvait s’empêcher d’entendre, et malheureusement ses réflexions comme son style se ressentent de la contagion. Voici comment elle rend compte d’un mariage ridicule, et sur quel ton elle s’entretient avec une amie de son âge : « Grand événement : les épousailles d’une vieille fille pauvre et d’un homme riche d’une douzaine de millions. Il écrase tout le monde par son faste. Rien de comparable à ses livrées, à ses carrosses. La fiancée, entre autres cadeaux, a reçu pour plus de soixante mille francs de bijoux, car vous saurez que jamais homme ne soupira pour de jeunes attraits comme celui-ci pour des charmes demeurés quarante ans ignorés. Jamais mariée pourtant ne fit moins d’envieuses, le cher homme d’époux était bien la plus dégoûtante carcasse imaginable. Certes je ne dînerais pas, s’il me fallait manger en compagnie d’un pareil épouvantail. On les maria le vendredi, et le dimanche d’après ils vinrent solennellement à l’église. J’y étais, et pus voir la jeune épousée

s'endormir vers le milieu du sermon. Ses ronfle-
ments sonores furent surtout remarqués par les
femmes, qui modifièrent, d'après ce symptôme,
leur mauvaise opinion sur le mari. D'autres, les
méchantes langues, parlèrent de comédie, disant
que tout cela n'était qu'une flatterie habilement
combinée. Je n'en crois rien, et pense au contraire que des circonstances majeures pouvaient
seules fermer les yeux d'une dévote de cette
force. » Notez que ces détails se rencontrent sous
la plume d'une jeune personne de dix-huit ans,
dont la naissance est distinguée et dont les mœurs
sont irréprochables. Évidemment elle manque de
tact féminin et quelquefois de délicatesse. En
revanche, ses peintures se distinguent par l'énergie du trait et une fermeté de touche toute
virile.

Reléguée à la campagne parmi des nobles arriérés ou des bourgeois bornés, elle essayait de
se distraire en prenant note des ridicules du
voisin. Un sentiment de coquetterie s'y mêlait;
l'amie à qui elle écrivait avait un frère, homme
distingué et aimable, et ces lettres passaient sous
ses yeux. Édouard Wortley, petit-fils de l'amiral
Montagu, comte de Sandwich, pouvait, par sa

naissance comme par sa fortune, prétendre aux
emplois les plus élevés. Ses contemporains esti-
maient à la fois ses talents et son caractère. Un
jugement droit, un débit gracieux, lui avaient
déjà valu les applaudissements de la Chambre.
Il était fort instruit, savait non-seulement le latin
et le grec, mais la plupart des langues modernes.
De nombreux voyages à travers l'Italie et la France
avaient encore perfectionné la finesse naturelle de
son jugement. Addison et Steele, principaux ré-
dacteurs du *Spectator*, comptaient parmi ses amis
intimes; il écrivait dans leur journal, et nombre
de brouillons retrouvés dans ses papiers contiennent des plans d'articles et des essais de critique. Son érudition et son esprit étaient fort
estimés. L'histoire du mariage d'Édouard Wortley et de lady Mary est romanesque, et forme
une suite de scènes que l'on aimerait à voir re-
produites par le burin du graveur. Parmi ces
tailles-douces imaginaires, je me plais surtout à
me figurer la scène où M. Wortley, croyant ou
feignant de croire que sa sœur était seule, péné-
tra dans l'appartement de mistress Anne, en-
trevit deux têtes rieuses, hésita, demeura immobile, sentit s'enfoncer en lui le dard de deux yeux

perçants, les plus beaux qu'il eût jamais vus. Il devint amoureux; mais cet amour fut défiant et troublé. Les deux caractères étaient trop forts, les deux esprits trop nets; maintes fois ils se choquèrent. Il ne tarda pas à deviner l'humeur de la personne qu'il aimait, et la lettre suivante, témoignage de ces malentendus et de ces luttes, prouve qu'il ne s'attendait point à trouver le bonheur auprès d'elle. « J'en conviens avec vous, lui dit-il, je suis d'humeur morose, même désagréable, et quelquefois sombre au point d'en perdre la parole. D'autres fois je parle, et vous ne m'entendez pas. Mes phrases, dites-vous, sont confuses, ambiguës : pas toutefois au point de vous laisser ignorer un sentiment très-net, à savoir que j'agis contre mon jugement en vous épousant. Qu'ajouterai-je de plus? Une seule chose, j'ai tort de le faire, et pourtant je le ferai. Si d'après cela vous ne prévoyez point ce qui nous attend, consultez votre sœur, qui est d'accord avec vous sur tout le reste. Peut-être vous fera-t-elle comprendre ce que vous vous obstinez à méconnaître. Mieux que vous-même, elle sait combien au fond je vous suis indifférent, et combien peu vous vous souciez de mon bonheur. Le sentiment que je vous inspire, déjà si tiède, ne pourra que décroître. D'année en année, que dis-je? de jour en jour, vous m'aimerez moins. Réfléchissez, tandis qu'il en est temps encore. Les conquêtes vous coûtent peu. Vous pourrez rencontrer une âme moins ombrageuse, moi un cœur plus neuf, moins avide d'hommages. Sans doute avec vous je posséderai la beauté, la jeunesse, tout ce qui plaît et attire. Ces avantages, me direz-vous, sont passagers; je finirai par m'y habituer, peut-être même m'apercevrai-je de leur déclin. C'est possible; mais, tout en voyant qu'ils ont disparu, je ne me souviendrai pas moins d'en avoir joui dans leur plénitude, et je me soumettrai sans murmure à la loi universelle. Il n'en sera point ainsi de vous, qui, les premières ivresses passées, ne verrez plus qu'une chose, que je n'étais point l'amant rêvé. Croyez-m'en, ne m'engagez point votre foi, si vous ne me croyez nécessaire à votre bonheur. » Singulière façon, n'est-il pas vrai, de déclarer son amour à une jeune fille? La lettre, loin de les brouiller, contribua à éclairer lady Mary sur l'état de son cœur. M. Wortley lui plaisait au double titre d'honnête homme et d'homme aimable. M. Wortley était un vrai *gentleman*, mieux qu'un *gent-leman*, un gentilhomme. Son portrait, conservé aujourd'hui chez lord Wharncliffe, montre une belle figure régulière et douce, avec une expression d'orgueil contenu et de sérieux profond. C'est l'un de ces visages faits pour éloigner les pensées vulgaires et pour couper court aux propos malhonnêtes. Sans doute, le costume n'est pas heureux; néanmoins les volumineuses cascades de la perruque, les lourds galons de la rhingrave, ne parviennent point à déguiser les élégances de la tournure, à gâter le charme de la physionomie. Le noble front attire, la profondeur du regard semble expliquer l'ironie du sourire. Remarquez qu'à tant d'avantages extérieurs et de qualités rares il joignait une réputation intacte, beaucoup d'acquis, des vues fort étendues en politique et en littérature, qu'enfin il était bien né autant que riche, et ne pouvait manquer de devenir un homme considéré et considérable.

Sans doute, l'aspect de cette figure grave et réfléchie formait un grand contraste avec les petits-maîtres du temps. Lady Mary les méprisait de tout son cœur, mais ne se faisait point scrupule d'encourager des vœux auxquels elle ne songeait point à répondre. Mistress Anne, sa future belle-sœur, lui reprochait ses minauderies avec lord S..., *horse-man* accompli et libertin achevé. Ces soupçons indignaient lady Mary. « Quoi ! répondait-elle, délaisser votre frère pour ce jockey? trahir la divinité pour s'agenouiller devant un veau? » Elle n'en avouait pas moins que ce veau, de temps en temps, lui faisait passer des moments agréables, et qu'elle trouvait du plaisir à se moquer de ce jockey. M. Wortley fut choqué de ces coquetteries; elles devaient blesser la susceptibilité d'un cœur sincèrement épris, d'ailleurs intraitable sur le chapitre de la délicatesse. Son tort était de dédaigner le bonheur vulgaire, de faire de la poésie à propos d'amour. Il ne faut exiger des femmes que ce qu'elles peuvent donner, et lady Mary, comme la plupart de ses pareilles, se croyait généreuse en se donnant elle-même. Une première demande de M. Wortley avait été favorablement accueillie. Le duc, grand dissipateur et à la veille de se remarier avec une personne dépourvue de fortune, ne refusa pas les ouvertures d'un homme bien apparenté et riche; mais il se montra fort difficile à l'endroit du contrat, et exigea d'autant plus de garanties qu'il donnait moins de dot. Ces prétentions blessèrent M. Wortley. La correspondance des deux jeunes gens cessa. Elle recommença quelque temps après, quand M. Wortley perdit sa sœur, la meilleure amie de lady Mary. Cette fois encore les deux amants se querellent assez volontiers. Lady Mary ne pardonne pas à M. Wortley de réfléchir quand il s'agit du bonheur de la posséder. « Votre ami M. Steele, dit-elle, observe fort judicieusement que les plus passionnés des amants eux-mêmes gardent toujours assez de sang-froid pour débattre avec calme et sans faiblir les clauses du marché conjugal. Quant à moi, je n'ai jamais vu d'amoureux qui me parût disposé à placer les intérêts de son cœur au-dessus de ses intérêts d'argent, et à sacrifier sa fortune à sa tendresse. Je veux bien croire que leur prudence leur coûte quelques soupirs; mais les consolations ne sauraient leur manquer. Ils trouvent qu'une femme, après tout, se remplace aisément, mais qu'une position perdue ne se retrouve qu'avec peine. » Si ce mot est vrai, il est dur, et lady Mary, lançant ses sarcasmes, souvent si justes, oubliait trop qu'Édouard Wortley ne lui avait point donné lieu de douter de sa bonne foi.

L'aigreur de ce langage éveilla la défiance du
jeune homme, et lui fit craindre un piége. Je
passe sur des lettres pénibles et qui témoignent
de malentendus douloureux, pour venir tout de
suite à celle qui amena la réconciliation et l'oubli
des injures passées. « Tandis que j'avais la simplicité de me croire aimée, écrit lady Mary, illusion, je l'avoue, gratuite, toute condition, fût-ce
la plus humble, m'eût paru douce, s'il m'avait
été donné de la partager avec vous. Le bonheur
se trouvait pour moi où vous étiez, tant vous me
plaisiez, non, tant je vous aimais, puis-je dire.
Le voici donc fait, cet aveu suprême de ma plus
grande faiblesse. Et maintenant que j'ai tout dit,
je vais vous donner une preuve d'amour plus
grande encore, et cesser de vous voir. D'abord je
ne vous écrirai plus, j'éviterai les endroits où je
pourrais vous rencontrer. Faites-en de même. Si
pourtant vous jugiez devoir ne pas vous rendre à
cette prière, ne vous offensez point de vous voir
renvoyer vos lettres intactes. Je vais me faire vio-
lence par amour pour vous et m'efforcer de me
souvenir que, de votre propre aveu, je ne puis
mieux faire pour vous que de renoncer à vous. Je
renonce donc à vous, puisqu'il le faut, et que

votre intérêt m'y oblige. » Cette lettre profondément féminine alla droit au cœur du jeune homme. Il ne vit plus rien, sinon qu'elle l'aimait et souffrait pour lui. Il s'offrit tout à fait et accepta les conditions proposées; mais à son retour le duc s'était piqué : non-seulement il ne voulait plus de lui pour gendre, mais il voulait un autre gendre, qu'il prétendait imposer tout de suite à sa fille. Afin de la faire obéir, il eut recours aux menaces. Lady Mary se décida à fuir; elle accepta un abri dans la maison du littérateur Steele. Le lendemain même, son fiancé la conduisait à l'autel. L'expression du bonheur est toujours la même, et le sien éclate dans ce cri de joie adressé à son mari: « Vivre l'un auprès de l'autre, ne plus jamais nous quitter, quelle pensée délicieuse! »

Leur lune de miel fut courte. Une méfiance, une jalousie mutuelle leur préparait mille déceptions pénibles. Six mois à peine après leur mariage, le retard d'une lettre, quelques pages d'une écriture moins serrée qu'à l'ordinaire, provoquent une querelle. Lady Mary, momentanément séparée de son mari, a vainement attendu le courrier. Aussitôt elle se croit oubliée, délaissée. « Si je vous suis devenue indifférente, prévenez-m'en tout de suite, et je saurai du moins à quoi m'en tenir. » Si pacifique que fût M. Wortley, il n'était point d'humeur à se laisser traiter ainsi. Ces semonces maladroites en se renouvelant étaient peu faites pour raffermir une affection chancelante. Tout à l'heure il la négligeait; une autre fois elle le gronde de passer sous silence un rhume de l'enfant, un embarras domestique. Notez que M. Wortley n'est à Londres que sur le désir de sa femme, et pour obtenir une position plus digne d'elle. « Les élections se préparent, et j'ai hâte de vous revoir siéger au parlement. N'oubliez pas toutefois de faire des démarches pour obtenir cette place de lord trésorier... J'espère que vous vous rendrez aux sollicitations de vos amis et aux miennes. N'oubliez point que le pays a besoin d'hommes probes; surtout souvenez-vous que l'on ne parvient à rien sans argent, et que la puissance découle naturellement de la richesse. » Maxime vraie, mais qui paraît un peu déplacée sous la plume d'une jeune femme, d'une jeune mère. Elle ne se contentait pas de parler le langage de son temps, elle en adoptait la philosophie superficielle et la morale facile. Cela n'étonne guère quand on songe qu'elle vivait en plein dix-huitième siècle, au milieu d'une société récemment bouleversée, et où la morale publique était encore mal assise. Les gouvernements nouveaux ne trouvent pour s'appuyer que des ambitieux sans scrupules. En présence des intrigues soulevées par le parti jacobite, il fallait faire des concessions à l'ambition des uns, à l'avidité des autres. Sans doute, cela choquait quelques rigoristes ; mais les gens du monde les appelaient arriérés. Le plus souvent, un simple sourire faisait justice de leurs réclamations intempestives. Lady Mary raconte qu'une dame dont le mari s'était chargé de je ne sais quelle affaire véreuse se présentait un jour chez Sarah, duchesse de Marlborough, parée des diamants qu'elle avait reçus à titre de gratification. Une autre visiteuse, peut-être blessée par l'éclat des diamants, murmura le mot d'effrontée. La duchesse de Marlborough, alors octogénaire, ne put réprimer un sourire. « A quels signes, dit-elle, reconnaître une boutique, si l'on n'y met point d'enseigne ? » Quelques hommes de cœur, parmi lesquels on comptait des écrivains célèbres et des personnages importants, avaient pourtant entrepris de réformer les mœurs ; mais ils ne pouvaient lutter contre les

exigences toujours croissantes de l'opulence et du
luxe. On lisait le *Spectator* en famille, applau-
dissant aux traits réussis, se disant tout bas que
les bons principes ne sauraient apaiser les créanciers. En somme, le niveau moral était bas. Trop
de pénétration et de jugement dessèche le cœur et
dissipe les illusions généreuses ; lady Mary en
offre la preuve. Une femme ainsi douée peut surprendre, même plaire : elle peut, si les circonstances s'y prêtent, remplir avec succès le rôle
d'une favorite ou l'emploi d'un premier ministre ;
elle peut même, à force d'honnêteté et de sagesse,
gagner et retenir l'estime ; mais elle doit renoncer à faire la joie de son intérieur et le bonheur
de son mari. Un jugement trop lucide, une initia-
tive trop sûre, un esprit trop calculateur, s'oppo-
sent au rôle naturel de la femme, qui est de plier
plutôt que de diriger, de s'instruire plutôt que
d'enseigner. Trop de prudence chez elle peut faire
soupçonner de la ruse. La finesse lui est permise,
mais la supériorité lui est défendue. Ni l'amour
ni le mariage ne s'en accommodent. L'homme ne
veut pas d'un critique où il a cru rencontrer une
amie, ni d'un professeur où il a cru trouver une
élève.

Les bouleversements géologiques produisent les nouveaux mondes, les hasards de la civilisation font naître les nouveaux types. La bourgeoise sensée et prudente, la grande dame spirituelle et dévote, sont filles du siècle où la logique déploie toutes ses ressources et la royauté toutes ses pompes. Le dix-huitième siècle ne ressemble guère à son prédécesseur. On le comparerait volontiers à une salle de festin qui à la fin prend feu. Le scepticisme en habit de philosophe y trône auprès de la volupté costumée en déesse. La femme, excitée par le tumulte et enivrée par les hommages, ne se contente plus d'un rôle secondaire, elle veut prouver qu'elle sait parler. Grande surprise et grand succès : elle entr'ouvre des lèvres souriantes, et l'homme, ravi par le léger gazouillement qui s'en échappe, la supplie de parler toujours. C'est l'origine de la femme bel esprit, aïeule de la femme imaginative et artiste. Lady Mary tient de l'une et de l'autre. Elle était sérieuse en même temps que frivole, et ses lettres, débordantes d'originalité et de verve, fourmillent de récits attrayants et d'observations fines, parfois même profondes. Comme la plupart des esprits novateurs, elle fait justice des réputations sur-

faites, et se maintient constamment indépendante
des engouements vulgaires. On vient de vanter
devant elle un nouvel ouvrage de lord Bolingbroke. Elle ne se gêne pas pour trouver le livre
mauvais, et s'empresse de dire pourquoi. « Des
périodes sonores, des phrases bien limées, ne feront jamais de belle prose ni de beaux vers, si les
images ne se trouvent soutenues par la force des
idées et par la solidité du bon sens. L'abondance
et la sonorité des mots peuvent en imposer aux
esprits médiocres, mais ne cachent qu'une éloquence fausse. Lord Bolingbroke travaille pour la
postérité et veut à toute force être célèbre ; mais
il manque de prise sur les esprits sensés, et, tandis qu'il cherche à nous convaincre, noie le plus
souvent un argument juste sous un flot de paroles, fait six pages de ce qu'il faudrait dire en
quatre lignes, tombe dans de fréquentes redites,
s'égare en contradictions, bref, ne sait pas éviter
un défaut fort commun chez tous ceux qui mettent
leur amour-propre à compiler de gros volumes,
je veux dire la nullité des idées et la redondance
du style. » Ces réflexions sont dignes d'être mé-
ditées par tous ceux qui écrivent ou s'imaginent
écrire. Le grand mérite de lady Mary fut de venir

8.

à point et de paraître dans un milieu capable de faire valoir ses qualités naturelles. On l'écouta, on l'admira; en un mot elle devint, privilége assez rare, ce qu'elle devait devenir, et ne connut point d'obstacles matériels au libre développement de ses forces morales.

II

Le moment le plus intéressant, comme le plus glorieux de sa vie, est celui où, devenue ambassadrice, elle quitta Londres pour suivre son mari à Constantinople. Elle avait vingt-huit ans, elle était rassasiée d'adulations et de respects, l'idole de la cour, l'arbitre des littérateurs et des artistes, si belle que sir Godfrey Kneller, le Winterhalter du temps, renonçait, au dire de Pope, à rendre l'éclat de son regard, la grâce irrésistible de son maintien. Ce qui nuisait à son bonheur intime rehaussait encore l'éclat de ses succès mondains. Les écrivains les plus éminents et les hommes d'État les plus distingués se faisaient gloire de venir grossir le cortége de la déesse. Pope, le

plus adulé des poëtes, lord Hervey, le plus spirituel des hommes politiques, y brillaient au premier rang, se réservant l'honneur de répéter ses
moindres mots, traduisant trop souvent à leur
gré ses moindres sourires. Une troisième puissance, le prince de Galles ne se montrait pas
moins attentif auprès de la belle lady. La chro-
nique rapporte que ces assiduités déplurent à la
princesse de Galles. Sa jalousie, suivant les uns,
n'était pas étrangère au décret qui nomma
M. Wortley ambassadeur. D'autres prétendent
que l'on comptait sur la beauté de la femme pour
assurer le succès des négociations confiées au
mari. Ces négociations, qui tendaient à opérer un
rapprochement entre la Turquie et l'Autriche,
échouèrent devant l'orgueil du sultan ; mais le
choix des personnes désignées n'en fit pas moins
le plus grand honneur à la nation anglaise. Lady
Mary surtout s'entendait à rallier toutes les sympathies et reçut partout des marques éclatantes
d'admiration et d'estime. Des biographes un peu
prompts à s'exalter louent son courage, vantent
outre mesure le dévouement de cette jeune
femme, de cette jeune mère qui, pour ne point
quitter son mari, affronta, disent-ils, mille périls,

et s'engagea, accompagnée d'un enfant de trois ans, dans les hasards d'un voyage long et pénible. Je ne cherche point à rabaisser son mérite. Cependant je crois que la curiosité, autant que la tendresse, pouvait avoir part à cette entreprise ; une femme de cet esprit et de ce caractère ne rejette pas volontiers une offre pareille, et l'amour-propre ici pouvait fort bien venir plaider la cause du devoir. Ne voyageait point qui voulait à cette époque, ni surtout avec un passeport d'ambassadrice, c'est-à-dire avec le moyen de se faire ouvrir toutes les portes. D'ailleurs, il ne faudrait pas s'exagérer les dangers d'une mission patronnée par un gouvernement puissant et environnée de toutes les garanties de sécurité imaginables. Le sultan Achmet n'avait point des façons de janissaire ; les lettres de lady Mary le représentent comme un fort bel homme, très-sensible à la culture et à la civilisation européennes. Sans doute, les contrées soumises à sa domination manquaient parfois de routes bien aplanies ; mais les mauvais chemins ne sont pas dangereux pour des personnes munies d'une forte escorte et précédées de nombreux courriers. M. Wortley, qui voulait étaler la puissance de son gouvernement, voyageait accompagné d'un train presque royal. Quant à lady Mary, on la respectait non-seulement comme une ambassadrice, mais encore au double titre de jeune mère et de femme aimable.

On oublie vite les absents, surtout quand on fréquente des personnes intéressées à les faire oublier. Lady Mary ne manquait pas de bonnes amies empressées de lui rendre ce service. Elle jugea que ce voyage, loin de lui nuire, pouvait encore rehausser le prestige qui s'attachait à sa personne, et qu'il fallait se servir de ses amis pour déjouer les ruses de ses rivales. Une santé robuste, une extrême facilité d'écrire, lui permettaient de noter les moindres incidents de sa vie. Elle part en 1716, au commencement d'août, et dès les premières étapes s'acquitte avec zèle de son rôle de narrateur. Les lettres adressées à sa sœur décèlent tout de suite la voyageuse anglaise, parente de lady Mathilde des *Reisebilder*, cette grande dame d'origine protestante et de façons sceptiques qui n'estime que son propre pays et raille impitoyablement les habitudes et les convictions des peuples plus imaginatifs ou plus artistes. « Je visitai l'église des jésuites, écrit-elle de Cologne, guidée par un jeune religieux de cet ordre. Il avait une très-belle figure, et, ne sachant qui j'étais, se permit de m'adresser force compliments moqueurs qui me divertirent fort. L'église est jolie. N'ayant jamais rien vu de pareil, je ne me lassais point d'admirer la richesse des autels et la magnificence des châsses, statues des saints, etc.; mais au dedans de moi-même j'étais vexée de voir d'aussi belles choses aussi mal employées, et ces perles, ces diamants, ces rubis, servir à enchâsser des dents gâtées ou figurer parmi des haillons sordides. J'avoue même que je fus assez perverse pour convoiter les perles qui s'enroulent autour du cou de sainte Ursule. Chose plus affreuse, un magnifique saint Christophe tout d'argent ne me donna que des idées mauvaises ; involontairement je pensai à ma table de toilette, et comme il ferait bien converti en bassin et en aiguière. »

C'est bien le ton d'une Méphistophéla protestante, née pour faire damner les poëtes et enrager les prêtres. On aime mieux la voir employer son esprit à fustiger de petits ridicules, et, par exemple, s'attaquer à la manie de titres et de distinctions honorifiques qui règne dans les petites villes alle-

mandes. «... Tout tourne autour de ce bienheu-
reux titre d'Excellence, que tous exigent, et néanmoins ne veulent donner à personne. Je leur ai
conseillé de se montrer coulants sur l'application
de ce titre, ajoutant que ce serait le meilleur
moyen de le recevoir; mais ma proposition a été
rejetée avec dédain, et personne ne veut entendre
parler d'une transaction aussi lâche. » Cela est à
la fois très-finement observé et très-vrai. D'autres
remarques, plus profondes, peignent le contraste
qui frappe lorsqu'on compare les États catholiques
et les États protestants, ou qu'on visite tour à tour
des villes placées sous le gouvernement d'un petit prince despote et de grandes cités marchandes
qui ne relevaient alors que d'elles-mêmes. « Dans
ces villes, le voyageur remarque un air d'activité
et d'aisance. Les rues sont régulières, bien peu-
plées; une foule de gens soigneusement vêtus se
croisent d'un air affairé. Des magasins bien tenus
regorgent de marchandises, la physionomie des
gens du peuple est ouverte et joviale. Quel contraste avec les capitales soumises à un petit monarque absolu! On y sent une sorte de faste misérable, le regard blessé s'y promène sur un
mélange de choses fripées et voyantes ; le pavé,

encombré de nobliaux prétentieusement, mais
malproprement accoutrés, est mauvais et inégal.
Une moitié de la population se pavane dans des
atours de théâtre, et l'autre demande l'aumône. »
Loin de voyager, comme la plupart de ses pareilles, en désœuvrée, elle s'attache à utiliser son
voyage, à définir le caractère des pays qu'elle traverse. La voici à Vienne s'amusant à esquisser des
traits de mœurs. « Je sors de chez la comtesse
X..., où je viens d'avoir une aventure assez plai-
sante. Je quittais le salon ; le jeune comte, tout
en me reconduisant, me demanda combien de
temps je resterais à Vienne. « Le temps qu'il
« plaira à l'empereur, » répondis-je. Il ne parut
guère satisfait de cette réponse et poursuivit :
« Fort bien, madame ; mais, quelle que soit la
« durée de votre séjour à Vienne, vous devriez, ce
« me semble, l'égayer par une petite affaire de
« cœur. » Je répliquai gravement que mon cœur
ne s'engageait point à la légère, et que je ne me
souciais nullement de m'en défaire. Le comte
poussa un soupir. « Je m'aperçois avec douleur,
« fit-il, que mon amour ne saurait vous toucher.
« Peut-être daignerez-vous accueillir plus favora-
« blement les vœux d'un autre. Si je ne puis pré-

« tendre à mieux, daignez au moins m'accepter
« pour confident, et me dire le nom de celui que
« vous voulez bien distinguer. Repoussé par vous,
« je m'estimerais encore heureux de vous prouver
« mon respect en vous amenant le fortuné mortel
« qui a su vous plaire. »

Elle raille les mœurs viennoises, mais elle profite de l'occasion pour nous instruire de ses succès
personnels. De plus, elle se complaît trop visiblement au récit des honneurs qu'elle cueille. On
l'aime mieux lorsque, parvenant un moment à
les oublier, elle laisse de côté le rôle de jolie
femme pour se réduire à celui de narrateur; c'est
par là qu'elle a survécu. Le don de la raillerie,
celui d'exprimer des idées générales, sont des
priviléges d'éducation ou de naissance, et maint
auteur aujourd'hui tout à fait négligé présente
les mêmes traits de sécheresse railleuse et d'âpreté
hautaine. Ce qui sauve lady Mary de l'oubli, c'est
qu'elle n'est pas simplement spirituelle ou sensée.
Elle devance son temps autant par la manière dont
elle comprend les arts que par la façon dont elle
sent la nature. Quelques-unes de ses descriptions
sont charmantes, et les réflexions dont elle les
accompagne méritent l'attention de tous les ar-

tistes. Elle venait de visiter les bains de Sophia, ville turque et l'une des premières de l'empire. « On voyait là pour le moins deux cents femmes, toutes se conduisant avec un tact parfait, et comme ne le feraient guère des Européennes appartenant aux cours les plus civilisées du monde. Nulle marque de curiosité indiscrète, aucun de ces sourires impertinents ou dédaigneux, de ces chuchotements railleurs qui chez nous accueillent l'apparition d'une personne étrangère à nos coutumes ou à nos modes. Elles me regardaient avec intérêt, mais sans curiosité déplacée, me saluant tour à tour des mots de *gracieuse* et d'*aimable*. Je visitai d'abord la salle des bains chauds, qui est entourée de gradins en marbre. Les premiers, recouverts de riches coussins et d'étoffes précieuses, étaient occupés par les dames, les autres par leurs esclaves, toutes parfaitement nues et dans toute la sincérité du déshabillé. Pourtant la modestie de leurs gestes n'en souffrait point. Bien au contraire, elles marchaient avec ce port de déesse et ces grâces pudiques que Milton attribue à notre mère commune. Leurs membres admirablement proportionnés, leurs chairs d'un blanc nacré, leurs opulentes chevelures entremêlées de rubans éclatants ou de torsades de perles, me rappelaient les nudités superbes de l'école vénitienne, et semblaient copiées sur l'image même des Grâces. Le plaisir avec lequel mon regard se posait sur ces corps de déesse me permit de vérifier la justesse d'une remarque déjà ancienne. Je me disais que la perfection des formes l'emporterait sur la beauté du visage si la mode revenait d'aller nue, et que les personnes les plus admirées seraient non pas les plus jolies, mais les mieux faites. » Les anciens Grecs pensaient de même, et tel personnage des dialogues de Platon, parlant d'un très-bel adolescent, disait à Socrate : « Son visage est très-beau. Eh bien ! s'il voulait se dépouiller, le visage ne paraîtrait plus rien, tant toute sa forme est belle. » Elle a le sentiment du pittoresque comme elle a celui de la beauté sculpturale, et ses peintures, animées par des comparaisons saisissantes, réfléchissent tantôt le faste théâtral de l'Orient, tantôt l'ardeur crue du ciel d'Asie. Qu'elle nous décrive l'intérieur d'un harem, nous assistons avec elle à la vie d'une femme turque.

« Une propreté recherchée régnait dans toute la maison. Deux eunuques noirs se tenaient à l'entrée, et me guidèrent à travers une longue galerie. Je marchais entre deux rangées d'esclaves immobiles comme des statues, pour la plupart admirablement belles, portant leurs longs cheveux nattés en tresses retombantes, et vêtues de damas de soie claire tissé d'argent. Je regrettai de ne pouvoir par discrétion les regarder de près ; mais cette pensée s'effaça à mon entrée dans une sorte de pavillon en forme de rotonde tout garni de persiennes dorées et ombragé par de grands massifs d'arbres. Le jasmin et le chèvrefeuille qui s'enroulaient autour des troncs répandaient les plus suaves parfums. Une fontaine à la gerbe murmurante entretenait une douce fraîcheur, et le plafond peint représentait des avalanches de fleurs sortant de corbeilles d'or renversées. Le fond de la salle était occupé par un sofa placé sur une sorte d'estrade. Là reposait la dame du logis, accoudée contre des coussins de satin blanc, et ayant à ses pieds deux jeunes filles jolies comme des anges. L'aînée pouvait avoir douze ans, et portait, comme sa sœur, les vêtements les plus riches ; mais leur beauté disparaissait complétement auprès de celle de leur mère, la plus ravissante personne que j'aie jamais vue. Elle se leva pour me recevoir, et me salua à la mode turque,

en plaçant la main sur son cœur en signe de bien-
venue, tout cela avec une grâce cordiale et digne,
et telle que l'éducation la plus raffinée ne saurait
l'enseigner. Elle fit apporter des coussins pour
moi, et me fit asseoir au coin du sofa, considéré
comme la place d'honneur. Mon interprète, la
dame grecque, me l'avait représentée comme
très-belle ; mais le portrait qu'elle m'avait fait
n'était rien auprès de ce que je vis. Je demeurai
tout d'abord en extase, perdue dans la contemplation de ces charmes incomparables. Ce sourire
enchanteur, cette harmonie parfaite des lignes,
ces grâces majestueuses, ce teint transparent dont
le fard n'a jamais terni la fleur, avant tout ce regard de flamme, ces yeux profonds et noirs avec
cette expression languissante et qui d'ordinaire
n'appartient qu'aux yeux bleus, bref une reine de
la tête aux pieds, telle était cette femme élevée
dans un pays que nous nous plaisons à appeler
barbare, et près de laquelle pâliraient nos beautés
les plus célèbres. Son vêtement, d'une richesse
inouïe, consistait en un caftan de brocart d'or à
fleurs d'argent, dessinant la taille et faisant valoir
la beauté du sein, simplement voilé par un fichu
de gaze. Son pantalon d'un rose pâle était lamé

d'argent, comme ses babouches. Des bracelets en diamants étincelaient à ses beaux bras, et sa ceinture, également couverte de diamants, faisait un cercle resplendissant autour de sa taille. Un magnifique bouquet de fleurs en pierreries attachait sur sa tête un riche mouchoir rose brodé d'argent, d'où s'échappaient dans toute leur longueur les opulentes tresses de ses cheveux soyeux et souples... Elle m'apprit que les enfants assises à ses pieds étaient ses filles. Ses suivantes, au nombre de vingt, étaient rangées par files des deux côtés de l'estrade, et par leur beauté comme par la grâce de leurs attitudes répondaient exactement à l'idée que nous nous formons des nymphes. Je ne pense pas que l'on puisse retrouver un tableau pareil. Elle leur fit signe de jouer et de danser. Aussitôt quatre des plus belles firent vibrer les cordes d'une sorte de luth, accompagnant leur jeu d'un chant doucement cadencé. Ce fut le signal d'une danse étrange et comme je n'en avais jamais vue. Impossible d'imaginer des gestes plus onduleux, des poses plus languissantes. Épaules renversées, yeux mourants, défaillances entrecoupées de tressaillements,... bref, les attitudes les plus provoquantes,

les mieux faites pour démasquer une prude. La
danse achevée, la porte s'ouvrit, et quatre belles
esclaves blondes entrèrent en agitant des encen-
soirs d'argent, d'où s'échappaient des parfums
d'ambre et d'aloès. Cela fait, elles s'agenouillè-
rent pour servir le café, qu'elles versèrent dans
de petites tasses de porcelaine du Japon posées
sur des coupes de vermeil. La charmante Fatime,
durant ce temps, prenait soin de m'entretenir de
la façon la plus polie comme la plus agréable,
m'appelant « belle sultane » et regrettant de ne
pouvoir causer avec moi qu'à l'aide d'un truche-
ment. Comme je m'apprêtais à prendre congé,
deux esclaves apportèrent une élégante corbeille
en filigrane d'argent remplie de riches mouchoirs
brodés. Elle me pria d'accepter le plus beau, et
offrit les deux autres à mon interprète et à ma
suivante. »

L'élégance de l'ajustement et le luxe de l'en-
tourage comptent, pour la plupart des femmes,
parmi les conditions principales du bonheur.
Lady Mary, dont l'opulente et voluptueuse beauté
rappelait celle des femmes géorgiennes, se familia-
risait d'autant mieux avec les mœurs turques qu'elle
s'était fait faire un costume à peu près semblable

à celui de la belle Fatime. Passons sur des remarques qui tournent souvent à l'avantage de la civilisation turque, et par là même peuvent sembler un peu paradoxales. Elle a raison, si le rôle des femmes dans la vie consiste uniquement à paraître belles ; elle se trompe, si, prenant exemple sur quelques-unes de ses pareilles, elle le fait consister dans l'accomplissement d'un devoir. Au surplus, toute civilisation répond aux besoins du pays qui l'a produite. Lady Mary ne se montrait pas insensible aux bienfaits de la nôtre ; la lourde émanation des parfums asiatiques ne parvenait pas longtemps à endormir sa vivacité naturelle, et une de ses lettres au poëte Pope ne dénote en rien la vie oisive et les allures indolentes d'une musulmane.

« Les chaleurs m'ont fait fuir Constantinople et conduite en ce lieu retiré, dont l'aspect répond à l'idée que nous nous faisons des champs élyséens. Ma maison s'élève au milieu d'un bois, ou plutôt au milieu d'une vaste forêt d'arbres fruitiers dont le feuillage projette une ombre épaisse. De nombreuses allées, de petites rivières remplies d'une eau limpide, tracent partout leurs sinuosités à travers la verdure. Le gazon qui tapisse le sol est si beau qu'on le croirait semé par la main du jardinier, et le regard aime à s'égarer entre les profondeurs du feuillage, traversées par les lumineux scintillements du Bosphore. Quelques riches familles chrétiennes habitent seules cette solitude, et viennent tous les soirs se réunir au bord d'une source voisine. Les jeunes gens dansent et jouent du luth. Les femmes, presque toutes grecques, sont belles, et leurs tuniques blanches font songer aux charmantes divinités d'Homère. Par moments, on dirait des nymphes attroupées sur les bords de l'Eurotas. C'est véritablement à se croire dans l'autre monde. Ce qui complète l'illusion est l'ignorance absolue où je suis sur le compte de mes amis, et même, s'il faut tout dire, la tranquillité parfaite que j'éprouve à leur endroit. Les passions humaines, Virgile l'assure, nous suivent dans le royaume des ombres. De là sans doute l'imperfection de ma béatitude. Rassasiée de soleil, de danse et de musique en plein air, je me surprends parfois à soupirer après l'épais brouillard de Londres et les impertinents caquets qui alimentent notre conversation mondaine, ce qui, bien entendu, me laisse convaincue que ma vie présente offre plus de ressources que la vôtre.

Chasser aux perdreaux le lundi, lire le mardi,
consacrer le mercredi à l'étude de la langue turque, le jeudi à ma correspondance, faire de la tapisserie les autres jours, et recevoir le dimanche,
voilà ma vie; aller lundi chez la reine, mardi
chez lady Mohun, mercredi à l'Opéra, jeudi à la
comédie, vendredi chez M. C., c'est-à-dire envisager de jour en jour les mêmes sottises, passer
de semaine en semaine la revue des mêmes scandales, voilà la vôtre. Ici, les folies humaines ne
m'affectent point, et, comme il arrive chez les
autres morts, elles m'inspirent plus de pitié que
d'indignation. La distance qui me sépare de mes
amis jette un froid sur les nouvelles que je reçois
d'eux, et je ne puis de bonne foi m'intéresser à
des joies ni à des soucis peut-être effacés quand
la nouvelle m'en arrive. »

III

Cette jolie lettre fut l'une des dernières qu'elle
data de Constantinople. M. Wortley, ayant
échoué dans son rôle de médiateur, fut rappelé

à Londres après un séjour de dix-huit mois en
Turquie. Lady Mary, aussitôt après son retour,
alla habiter Twickenham, village situé sur les
bords de la Tamise et dans le voisinage d'une
résidence royale. Les caprices de la mode avaient
transformé ce coin de terre en une sorte de co-
lonie littéraire, et le célèbre Pope y groupait ses
amis autour de lui, comme jadis Boileau à Au-
teuil. Lady Mary faisait naturellement partie du
cénacle. Cependant son retour fut moins fêté que
ses succès passés ne semblaient le promettre. Ses
amis, pendant deux ans, avaient appris à se
passer d'elle, et peut-être même redoutaient-ils
son retour. Les hommes de sa société craignaient
ses critiques, les femmes ses épigrammes. On
n'oubliait point qu'à deux mille lieues de distance
elle s'était cruellement moquée d'une amie qui
l'avait priée de lui ramener une esclave grecque,
et qu'elle avait raillé en quatre longues pages une
autre amie qui lui demandait du baume de La
Mecque pour effacer ses rides. Elle n'avait pas
davantage épargné le poëte Pope, qui recevait
d'elle des lettres railleuses en réponse à ses épi-
tres emphatiques, et qui ne lui pardonnait point
de mêler des épigrammes à ses louanges. Il l'ac-

cueillit avec une froideur marquée, et son attitude respectueuse, mais réservée, pouvait dès ce
moment faire prévoir une brouille.

On ne l'aimait pas beaucoup, et on ne la respectait guère. Elle faisait partie du cercle ha-
bituel de la reine; un soir, une invitation particulière l'obligea de se retirer plus tôt que de
coutume. Craggs, le secrétaire d'État, la rencontra sur l'escalier, et lui demanda pourquoi elle
partait. Elle répondit qu'elle était invitée ailleurs,
qu'elle regrettait de n'avoir pu céder aux instances
du roi. Le malicieux secrétaire, sous prétexte de
faire sa cour, s'empara de la fuyarde, et, la prenant dans ses bras, la porta tout d'un trait jusqu'à l'entrée du salon royal. Craggs fit un signe
à l'huissier de service, et les portes s'ouvrirent.
Le roi avait eu le temps d'apercevoir le secrétaire
muni de son fardeau. « Est-ce l'usage en ce pays,
s'écria le monarque, de porter les belles dames
comme un sac de blé? » En courtisan consommé,
Craggs baissa la tête et répondit que rien ne lui
coûtait pour plaire au roi. Le monarque demanda
des explications, et l'on devine quelle figure, ce
soir-là, fit la belle dame. — Lady Mary, blessée
par l'attitude sèche et parfois niaise des personnes

correctes, devenait de plus en plus incapable de
réprimer un mot dur. Sa verve ironique s'attaquait surtout aux ridicules féminins et à cette
soif d'hommages qui survit chez la plupart des
femmes à l'âge et aux moyens de plaire. Une
dame, affligée de cette vanité, essayait un jour
de se rajeunir en affectant de petits airs enfantins.
Lady Mary, ennuyée de ce manége, coupa court
à de sottes questions par des réponses mordantes.
La dame, déjà irritée, prit mal la chose et répondit que certes elle ne prétendait point rivaliser
d'esprit avec une personne aussi parfaite. Le mot
déplut à lady Mary ; elle résolut de châtier l'imprudente en la blessant à l'endroit le plus sensible. « Voyons, ne nous fâchons pas, » lui dit-
elle ; puis, de l'air patelin d'une chatte qui s'apprête à égratigner : « D'ailleurs nous sommes à
peu de chose près du même avis. Je trouve,
comme vous, fort bon d'en rester toujours à
quinze ans ; mais je ne vois pas la nécessité d'en
paraître cinq. » De telles saillies lui valaient des
ennemis mortels ; sa haine contre la routine et
l'ardeur avec laquelle on la voyait lutter contre
les préjugés lui en attiraient d'autres. L'introduction de la vaccine, on le sait, fut son œuvre. L'ex-

périence personnelle lui avait prouvé l'utilité de
cette opération, pratiquée par les Orientaux et
encore inconnue en Europe. Elle n'hésita point à
y soumettre ses enfants, et s'efforça d'en répandre
l'usage en Angleterre. Elle fut payée d'ingratitude. Les médecins prononcèrent le mot de charlatanisme ; le clergé déclara du haut de la chaire
que, la petite vérole ayant été infligée aux hommes en guise de châtiment, c'était une impiété
que d'en arrêter le cours ; le peuple, toujours
docile quand il s'agit de flétrir le caractère d'une
personne haut placée, traita lady Mary de femme
sans foi et de mère dénaturée. On lui reprochait de
risquer la vie de ses enfants pour assurer le triomphe de son œuvre, de contrecarrer la volonté
divine en essayant de prévenir les effets de la
maladie. Elle ne se découragea point, demanda
l'appui du gouvernement, qui ordonna une en-
quête. A ce moment, lady Mary faisait justement
vacciner son dernier enfant, une petite fille née
pendant son séjour à Constantinople. Quatre
médecins célèbres furent désignés pour assister à l'opération et surveiller la marche de la
fièvre. La tâche était facile ; néanmoins ils s'en
acquittèrent de si mauvaise grâce, que lady Mary,

sérieusement alarmée, les crut capables d'une action malhonnête et même criminelle. Elle ne
quitta point le chevet de sa fille. L'entier succès
de cette inoculation, aidé de l'appui de la princesse de Galles, triompha enfin des préjugés vulgaires. Lady Mary n'en demeura pas moins, aux
yeux du plus grand nombre, une personne en-
têtée et ambitieuse.

La passion de briller lui faisait commettre
des imprudences graves. J'ai parlé de ses dé-
mêlés avec Pope, qu'elle traita d'abord en ami,
et puis moins bien qu'un domestique. Il faut
prendre garde de prodiguer ses sourires, si l'on
veut garder une réputation intacte. « Les moi-
neaux, dit le proverbe, ne viennent qu'à l'endroit
où il y a du blé. » Lady Mary, malgré beaucoup
d'habileté, manquait parfois de tact. Elle encourageait les prétentions galantes, et les repoussait
ensuite avec une dureté incroyable. Naturellement les adorateurs dédaignés devenaient des
ennemis et lui faisaient payer ses coquetteries par
des affronts. Le plus odieux comme le plus amer
de tous fut celui que lui infligea un Français
nommé Raymond. Ce Raymond imagina d'enta-
mer avec elle une correspondance sentimentale

pour pouvoir vivre à ses dépens. Elle cessa d'écrire
lorsqu'elle s'aperçut que cet adorateur tirait sur
elle des lettres de change ; mais il était trop tard,
et l'adroit escroc, se prévalant de quelques expressions peut-être un peu familières et sans doute
arrachées par la pitié, eut l'infamie de menacer sa
bienfaitrice. Il exigeait une somme énorme en
retour de quelques lettres où il était question d'un
tripotage financier. Lady Mary, malgré la défense
expresse de son mari, avait trempé dans une spé-
culation assez analogue à celle qui, sous la régence du duc d'Orléans, fit la fortune, puis la
perte de l'Écossais Law. Raymond, gentilhomme
ruiné et bel esprit de rencontre, l'avait suppliée
de recevoir en dépôt quelques milliers de livres
qu'il la priait de faire valoir à sa guise. Il voulait, disait-il, tenir la fortune de ses mains ou tout
perdre. Lady Mary, poussée par un élan romanesque, s'était laissé gagner par la perspective de
faire un heureux. Elle paya cher son imprudence.
Non-seulement les fonds étaient perdus, mais le
créancier, sous peine de tout révéler, réclamait
une somme plus grande que le capital et les intérêts réunis. Il fallait choisir entre des sacrifices
d'argent impossibles et l'humiliation de tout

avouer. On ne sait trop comment l'affaire se ter-
mina ; mais les lettres qu'elle adressait alors à sa
sœur témoignent de la profondeur de son humiliation et de la vivacité de ses angoisses.

Le temps était loin sans doute où elle écrivait
« qu'à la condition de rester belle et de ne point
vieillir, elle ne demanderait qu'à continuer la
même vie pendant trois ou quatre siècles. » Les
années s'écoulaient, emportant le tribut accoutumé des adulations et des hommages, rempla-
çant la flatterie par l'indifférence, le respect par
le dédain. On interrogeait sa vie privée, on s'ar-
rogeait le droit d'examiner ses moindres actes.
Ses ennemis la chansonnaient, et le poëte Pope,
tout le premier, ne craignit point de répandre
sur son compte des calomnies atroces. Le poëme
de *Sapho* était une insulte à son adresse. Elle
essaya vainement de confondre le diffamateur, et
s'adressa dans cette intention à un homme qu'elle
croyait dévoué. Par malheur, il l'était davantage
encore à Pope, et la pria de ne point le mêler à
cette affaire, assurant qu'elle se trompait et soup-
çonnait à tort un homme honorable. Lady Mary
se tut, comprenant qu'une femme n'a point
d'appui à espérer dès qu'elle n'a plus de jeunesse.

Les consolations intimes lui manquaient comme les autres. Son mari, froissé et attristé par ces scandales, la traitait froidement, et son fils, plus tard aventurier et pirate, se mariait, en sortant du collège, à une ouvrière assez vieille pour être sa mère. Restait sa fille, personne honorable, et dont la tendresse semblait devoir la dédommager de tout le reste ; mais dans cette âme aigrie l'orgueil offensé devait l'emporter sur le sentiment même de la famille. Sa fille allait épouser le comte de Bute, pair d'Angleterre et ministre. Le lendemain même de ce mariage, lady Mary manifesta l'intention de quitter l'Angleterre ; son mari ne s'y opposa point. Lady Mary avait toujours souhaité revoir l'Italie, et sa santé délabrée fournissait un prétexte fort convenable à ce voyage ou plutôt à cette séparation. Les deux époux avaient compris que, ne s'aimant plus, ils devaient s'épargner au moins les reproches mutuels. Peut-être, en se séparant, espéraient-ils se rapprocher un jour ; mais l'amitié ne germe pas sur les débris des grandes passions éteintes, et deux personnes qui s'étaient si fort aimées et si longtemps blessées ne pouvaient oublier le passé.

Ils se séparèrent en 1739, au mois de juillet,

après une union qui, souvent troublée, avait duré
vingt-deux ans ; il leur en restait encore autant à
vivre. Lady Mary alla d'abord à Venise, puis à
Rome, où elle passa l'hiver et assista à des fêtes
nombreuses. Sa réputation de femme spirituelle
et excentrique l'avait précédée en Italie, où le
monde lui fit généralement bon accueil. Les Italiens, plus prompts que les Anglais à l'enthousiasme, sont aussi moins esclaves du préjugé. Sa
renommée inspirait la curiosité, ses grandes manières lui valaient à la fois le respect de ses inférieurs et l'estime de ses égaux. Ceux-ci se sou-
venaient qu'elle avait été ambassadrice, qu'elle
avait occupé un rang considérable. « La duchesse
de Campo-Florida, femme du ministre d'Espagne,
me traite comme si j'étais encore ambassadrice. »
Ces lignes s'adressaient à son mari, avec qui elle
ne cessa jamais de correspondre. Elle vante également la politesse du doge de Venise, un membre de la famille Grimani qui l'avait connue à
Londres, et qui s'efforçait de dissimuler la décadence de la république par des fêtes somptueuses.
Les savants aimaient son érudition, et croyaient
revoir en elle l'égale des femmes célèbres qui
illustrèrent l'Italie savante de la renaissance,

qui furent l'honneur des grandes universités de
Padoue et de Bologne. Plusieurs la soupçon-
naient d'avoir écrit des livres philosophiques, et
ne voulurent point ajouter foi à ses démentis,
qu'ils attribuaient à l'orgueil ou au caprice. A ce
sujet, elle faillit avoir une querelle avec le cardinal Querini. « Hier, il m'envoya l'un de ses vi-
caires. Cet ecclésiastique débuta par force compliments, puis commença un discours dont le
but était de me demander mes livres. — Sa grandeur, disait-il, désirait les placer dans le casier
réservé aux ouvrages anglais, à l'endroit le plus
apparent de la bibliothèque. — Je ne pus que
manifester mon regret, prévoyant immédiatement ce qui arriverait. Le vicaire fit un geste
d'incrédulité, et, sans paraître tenir compte de
mes paroles, reprit que Son Éminence sans doute
aurait pu et peut-être même dû se les procurer,
mais que le transport était long, assez chanceux,
et que finalement il avait compté sur mon amitié
pour le débarrasser de ce soin. Il ajouta que je
me trouverais en bonne compagnie et supérieu-
rement logée. Je fis mon possible pour le convaincre ; l'incrédulité qu'il opposait à mes déné-
gations les plus formelles me réduisit au silence.

Une invitation à dîner et toutes les politesses imaginables furent assez mal accueillies, et je vis que je passerais désormais pour un monstre d'ingratitude aux yeux du cardinal... Sans doute, personne n'eut jamais plus que moi occasion d'écrire; mais le peu que j'ai écrit n'a guère été accueilli d'une façon encourageante. Des vers de moi ont paru, publiés sous un autre nom [1] ; par contre, on m'en a attribués dont je ne suis point l'auteur. Je me suis consolée de ces mortifications en me disant que je ne les méritais point ; mais ici les choses vont autrement, et toute ma philosophie ne va pas jusqu'à me rendre indifférente à la perte d'un ami, je dirais volontiers d'un protecteur. Ce n'est pas la première fois, depuis mon arrivée en Italie, que l'on me complimente sur mes ouvrages. Tout d'abord je me défendais, puis, voyant que cela était inutile, je me contentais de sourire. Je me résignais d'autant plus volontiers que la qualité de femme auteur n'a rien d'avilissant dans ce pays, et qu'une dame fort distinguée y occupe, sur l'invitation expresse du pape, la première chaire de mathématiques. » Cette lettre est d'au-

1. Allusion au poète Pope, qu'elle accusait de lui avoir dérobé plusieurs pièces de vers.

tant plus significative qu'elle rend compte de quelques-uns des motifs qui la rendent sympathique aux Italiens et par là même antipathique aux Anglais. Ceux de ses compatriotes qui habitaient l'Italie ne l'aimaient guère. Les calomnies qui l'avaient chassée de l'Angleterre avaient trouvé créance à l'étranger. On la considérait comme une personne de mœurs équivoques et de position douteuse. Ses continuels changements de résidence, sa vie à la fois agitée et solitaire, faisaient naître des soupçons odieux. Les uns voyaient en elle une personne chargée d'espionner ses compatriotes, les autres une femme dépravée qui, parvenue aux limites de la vieillesse, avait tout abandonné pour mieux cacher son inconduite. Les plus indulgents et par là même les plus raisonnables se contentaient de voir en elle une vieille folle toujours en quête d'admirateurs et s'efforçant de remplacer par l'excentricité ce qui lui manquait en jeunesse. Elle s'apercevait qu'il est impossible de recommencer deux fois la vie. « J'ai tout sacrifié pour reconquérir mon indépendance, aliénée par le despotisme de la coutume. J'ai philosophiquement rompu avec toutes les attaches de l'habitude ou du cœur, rejeté loin de moi tout souci d'avenir ou d'intérêt. Malgré cela, je n'ai point trouvé l'indépendance, et à cause de cela même je ne crois pas qu'on la puisse rencontrer. »

Elle ne la trouvait point parce qu'elle l'avait cherchée en dehors des conditions ordinaires ; elle retombait d'autant plus lourdement qu'elle avait voulu s'élever plus haut. Elle était à bout d'illusions ; pourtant son énergie indomptable continuait à la soutenir : elle ne se découragea point, et essaya d'adopter un genre de vie plus conforme aux exigences de sa santé et de son âge. « Ma vie a toujours été dans le style pindarique, » écrivait-elle, voulant indiquer qu'elle ne s'était jamais assujettie aux convenances vulgaires. Pour le moment, elle essayait de la vie des champs dans une ferme qu'elle venait d'acheter aux environs de Lovere. Elle s'occupe d'y oublier le monde, elle s'intéresse aux travaux et aux plaisirs de la campagne, elle essaye, pour se distraire, de se faire bonne femme, mettant la paix dans les ménages troublés, donnant des conseils à droite et à gauche, apprenant à celle-ci l'art de conserver les cornichons, à celle-là le secret de retenir son mari. Naturellement on abusa d'elle,

et l'on se prit à considérer sa maison comme une
sorte d'auberge. Le sans-gène italien s'en mêlait;
il lui fallait, sous peine de passer pour inhospi-
talière, héberger tantôt la duchesse de Mantoue
avec toute sa cour, tantôt offrir à souper à trente
personnes descendues chez elle à l'improviste
pour y donner un bal. Elle se lassa d'engraisser
des chapons pour nourrir un corps de ballet, de
faire de la controverse religieuse avec ses parte-
naires au whist, deux curés de campagne qui
vantaient la supériorité de sa cuisine et décriaient
l'impiété de son langage. Sans doute quelques
autres, plus équitables ou plus habiles, n'avaient
garde de médire d'une personne dont la présence
profitait au pays. Les bonnes gens de Lovere,
ayant remarqué l'instabilité de ses goûts et peut-
être les faiblesses de son caractère, essayèrent de
la retenir par la flatterie. On parla d'ériger sa
statue sur la place de l'hôtel de ville, et le sculpteur chargé de ce travail devait la représenter
revêtue d'une draperie romaine et tenant un livre
à la main. Elle refusa un honneur qui, disait-elle,
serait tourné en ridicule par les Anglais, et essaya
de dédommager la municipalité de Lovere en
achetant aux portes mêmes de la ville une masure

ruinée qui lui conférait le droit de bourgeoisie.

Toujours malade et naturellement inquiète, elle recommença bientôt sa vie errante, alla de nouveau se fixer à Venise, puis à Rome, puis à Naples. J'oubliais de dire que dans cet intervalle de vingt-deux ans elle quitta deux fois l'Italie, la première fois pour aller habiter Avignon, où elle obtint l'élargissement d'une centaine de protestants persécutés, la seconde pour aller passer l'hiver à Chambéry, où, à la prière de son mari, elle rencontra leur fils, et fit un dernier effort pour le ramener dans la bonne voie. Ces différents voyages furent marqués par des épisodes souvent amusants, parfois piquants. L'un des plus caractéristiques est le cadeau qu'on lui fit d'un bout de terrain ayant vue sur la vallée du Rhône; c'était un don de la municipalité d'Avignon; on voulait faire honneur à l'étrangère lettrée et illustre qui avait choisi cet endroit pour but ordinaire de ses promenades. Le terrain occupait l'emplacement d'un ancien temple de Diane. Lady Mary y fit construire un belvédère pourvu d'une inscription commémorative, et de ce kiosque aérien d'où l'on découvrait quatre provinces, elle se plaisait, comme Corinne au cap

Misène, à promener ses regards sur le large univers où son esprit mobile n'avait pas su conquérir une place fixe.

Elle était âgée, infirme, accablée par les commencements d'une maladie mortelle, à la merci de ses domestiques, qui l'exploitaient, affligée par la perte de sa sœur, qui venait de mourir folle, désolée de la mort de son mari, qu'elle n'avait jamais cessé d'aimer, profondément attristée et humiliée par les débordements de son fils, qui, d'aventurier devenant escroc, venait de contrefaire sa signature, et avait ainsi empoché une somme considérable. Dans cet état, elle n'essayait plus de demander de distraction au plaisir, ni de consolation à la philosophie. Longtemps avant sa mort, elle écrivait à son amie la comtesse d'Oxford : « Je pourrais me croire heureuse, s'il m'était donné d'oublier. » À soixante-treize ans, à la veille de mourir, elle regrettait peut-être la résolution singulière dans laquelle elle avait cru trouver l'indépendance et n'avait trouvé que le vide. Déjà ses yeux, affaiblis par l'âge, devenaient indifférents aux beautés du ciel méridional. Par contre, le silence de ses nuits sans sommeil ramenait devant elle la touchante image des joies de famille qu'elle avait dédaignées, la poignante vision des morts bien-aimés qu'elle n'avait point assistés à l'heure suprême; mais lady Mary n'était point femme à consumer ce qui lui restait à vivre en regrets stériles. Le désir de mettre ordre à ses affaires et celui d'embrasser une dernière fois sa fille lui inspirèrent une résolution vaillante. A demi mourante, elle brava les fatigues d'un long voyage et les humiliations d'un retour tardif pour venir se faire ensevelir auprès de son mari. Sa vue faisait pitié, et les personnes qui vinrent à sa rencontre reculèrent devant ce spectre en habits de veuve. Elle traîna six mois encore une vie misérable et torturée. Le cancer qui lui rongeait le sein ne laissait aucun espoir de guérison. Elle succomba comme elle avait vécu, sans faiblir, le 21 août 1762, âgée de soixante-quatorze ans, laissant des lettres admirables et le souvenir d'une personnalité unique. Cela est peu. C'est qu'elle avait mal jugé la vie et les choses, ayant cherché son plaisir et non son emploi. Le point important, pour une créature humaine, est non de rencontrer le bonheur, mais d'exercer utilement ses forces. Lady Mary fit l'épreuve de cette vérité. Elle a brillé, elle a été adulée, elle n'a point agi ; elle a peu servi, et au bout de tous ses succès elle n'a trouvé que l'isolement, le désenchantement, la tristesse et le vide. Si j'avais à la définir, je l'appellerais volontiers une princesse des Ursins manquée, avec plus d'esprit et moins de génie. Elle possédait l'énergie nécessaire pour entreprendre de grandes choses, mais sans le discernement qui les achève, et se trompa de route parce qu'elle se trompa de but.

SOPHIE-FRANÇOISE LALIVE DE BELLEGARDE

COMTESSE D'HOUDETOT [1]

Je vais présenter au lecteur un type d'esprit éminemment féminin et français, et tel que le dix-huitième siècle seul a pu en fournir. C'est dire qu'il est plus enjoué que profond, que l'intelligence du monde et le naturel remplacent avec avantage le savoir et le talent acquis. L'enjouement naît de la galanterie, et la galanterie n'a jamais mieux régné qu'à l'époque où tout venait se soumettre aux intérêts du plaisir. On ne se

1. *XXXV Lettres inédites* à J.-J. *Rousseau*, recueillies sur les originaux, à la bibliothèque de Neuchâtel, et publiées par A. Ramus, dans la *Suisse littéraire et artistique*, nᵒˢ de mars, avril, mai et juin 1864.

11.

sent jamais plus aimable que lorsqu'on se sent
aimé ; les femmes surtout n'atteignent la perfection de leurs grâces qu'à force d'hommages. Par
la même raison, elles ne conservent le plus souvent leur bonté naturelle qu'à force de bonheur.
C'est là sans doute à quoi madame d'Houdetot dut
une fraîcheur de sentiment qui ne l'abandonna
jamais, et ce charme attrayant de jeunesse morale qui la fit aimer toute sa vie.

I

Sophie-Françoise Lalive de Bellegarde sortait
d'une famille de financiers honorable autant qu'o-
pulente, et sur laquelle on trouve quelque intérêt
à s'arrêter. Chaque siècle s'exprime par un personnage qui résume ses principaux caractères et
devient son effigie ; le courtisan, au dix-septième
siècle, au dix-huitième siècle le financier donne
le ton, décide des usages, consacre la réputation
des écrivains. La puissance, en tout temps, appartient aux « parvenus, » et ceux du dernier siècle
profitèrent de leur faveur et de leurs succès pour

encourager tout ensemble le plaisir et les arts. Rien de plus simple si l'on songe à la somme énorme d'ennui qui s'était accumulée pendant les dernières années du *grand règne*. La lourde et majestueuse perruque pesait à l'homme du monde, il avait hâte de quitter son rôle d'automate vivant pour redevenir tout simplement un gentilhomme, plus simplement encore un homme. Mais d'ordinaire la contrainte n'aboutit point à la modération, et lorsqu'on est resté tout le jour en costume d'apparat on ne songe plus qu'à se déshabiller. Aussi point de milieu entre Versailles et le Palais-Royal, nulle transition entre les grandes entrées et les petits soupers. L'esprit français, un peu figé par l'habitude des grandes phrases nobles, a besoin de se dégourdir; la sombre mante à capuchon adoptée par la pénitente du père Le Tellier ne tardera point à devenir le domino discret à l'abri duquel la femme du monde s'en ira au bal de l'Opéra intriguer Jelyotte ou Francœur.

Cependant M. de Bellegarde, quoique fermier général, était demeuré fidèle aux anciens usages; on s'en apercevait à la manière intègre dont il s'acquittait des devoirs de sa charge, comme à l'attachement qu'il ne se faisait point scrupule de

témoigner à sa femme, moins bien vue dans le
monde, et qui passait pour une personne dure,
pleine de morgue, habituée à faire sentir son
opulence et pourtant désolée de n'être qu'une
financière. Elle mourut assez subitement, laissant
deux fils et une fille, celle-là même qui devint
madame d'Houdetot et va tout à l'heure nous
occuper. Un mot auparavant sur madame d'Épinay, sa célèbre cousine, qui devint plus tard sa
belle-sœur, avant tout sa rivale envieuse, tout en
s'efforçant de paraître sa meilleure amie. Bien
qu'elle feignît de ne point se croire jolie, elle ne
s'en supposait que plus irrésistible, comme on
le voit par ses mémoires, et la plupart de ses écrits
témoignent d'un désir immodéré de primer, de
paraître, de se faire remarquer. Cela n'était point
facile dans un monde accoutumé à des excentricités de tout genre, excentricités de goûts, d'idées,
de conduite. Cela n'était point surtout facile dans
un monde où rayonnait le sourire d'une La Popelinière, où l'on remarquait les grâces imposantes
d'une maréchale de Luxembourg et les enga-
geantes séductions d'une Beauvau, où la salle à
manger d'une du Deffant, d'une Geoffrin s'ouvrait
à des hôtes comme d'Alembert ou Diderot. Le

dix-huitième siècle, il ne faut point l'oublier, ne
tient pas tout entier dans un roman de Marivaux,
ou dans un panneau de Boucher. Le cabinet d'é-
tude lambrissé et tout tapissé de cartes de géo-
graphie y côtoie le boudoir, le miroir pomponné
de rubans roses et encadré de dentelles s'arrange
fort bien du sérieux voisinage de la bibliothèque
et des sphères. De même, si vous jetez les yeux
sur les portraits du temps, vous n'y verrez pas
toujours la volupté se déguiser en Diane chasse-
resse, emprunter l'équipage et la ceinture de Vé-
nus. A côté de la provoquante madame Boucher
arrangée en vestale par Vanloo, voici, telle que
Latour nous la représente, une intelligente et sérieuse personne qui médite à demi penchée sur
un livre et s'appelle madame de Pompadour. Pour
réussir dans un pareil monde et pour s'en distinguer, il ne fallait rien moins que le prestige supérieur d'une beauté ou d'un esprit remarquable.
Madame d'Épinay, comme la plupart de ses contemporaines, avait surtout à son service du jugement et du *savoir-faire*. Mais le souhait de plaire
la guidait et développait en elle les dons d'ailleurs
médiocres dont la nature l'avait pourvue. Aidée
de ce grand maître en intrigue, elle devina qu'il

fallait toucher l'imagination cuirassée par le spectacle de l'impudence générale, stimuler la curiosité éteinte sous la facilité des mœurs. Tel mari millionnaire devant faire un cadeau à sa maîtresse en laissait le choix à sa femme, et la femme ne se révoltait pas contre cet honneur ; ce seul fait, le plus doux de tous, donnera la mesure des autres ; qu'ils restent dans les mémoires, le cynisme ne se raconte pas. De là le grand succès du rôle que joua madame d'Épinay, rôle fort exploité depuis, alors nouveau, et qui consistait surtout à feindre des apparences d'ignorance et de candeur, à passer tout ensemble pour une Agnès et pour une victime.

Les circonstances, il est vrai, s'y prêtaient, et sous l'attrait d'un front modeste on découvrait chez elle la trace évidente d'un vrai chagrin. Ce chagrin lui venait de l'indifférence d'un mari en qui elle avait cru d'abord trouver un amant. Prétention assez naturelle de la part d'une personne qui pensait avoir fait un mariage d'inclination et s'imaginait mériter une sorte de culte. Les choses, à vrai dire, se grossissaient un peu, s'exagéraient naturellement dans cette tête inquiète de « personne à imagination, » de « femme incomprise, » comme nous dirions aujourd'hui, et rien ne prouve qu'elle eût inspiré « une passion » à M. d'Épinay. En revanche, il est certain qu'il l'aimait en proche parente, en amie, et quelquefois aussi peut-être en viveur qui s'examine, en homme qui voudrait se ranger. De plus, il y avait entre eux un attrait de jeunesse accru par la facilité de se voir souvent, de lire, de dessiner, de chanter ensemble. J'oubliais de dire en vertu de quels arrangements ils habitaient le même hôtel, celui de M. de Bellegarde, père de M. d'Épinay, et oncle par alliance de mademoiselle d'Esclavelles, sa bru future. Ces arrangements dataient de la mort de M. d'Esclavelles, père de madame d'Épinay, et mari d'une sœur de madame de Bellegarde, qui le suivit de près au tombeau. M. de Bellegarde, qui ne voulait point se remarier, proposa alors à sa belle-sœur de venir diriger sa maison. Elle accepta, et de là le mariage en apparence fort sortable qu'on vient de voir. Malheureusement madame d'Esclavelles, qui était janséniste, et partant aimait à diriger, continua à vouloir gouverner sa fille, et poussa ce ridicule jusqu'à lui défendre d'accompagner son mari au théâtre. Cela troubla la paix du jeune ménage. Le mari, peu soucieux de se laisser embéguiner, et supposant sa femme bien gardée, ne se fit point scrupule de recommencer sa vie de jeune homme, de se montrer, suivant l'usage général, officiellement mauvais mari, d'entretenir ouvertement « des filles d'Opéra, » comme on appelait alors ces demoiselles, de se griser, de se ruiner, de jouer. Une muse ne pardonne point ces sortes d'offenses, et celle qui portait son nom ne devait point tarder à l'en faire repentir.

II

Les choses en étaient là lorsque la présence d'un visage jeune et joyeux vint momentanément égayer la maison. Les portes du couvent qui lui avait servi de pension s'ouvraient pour mademoiselle de Bellegarde; elle venait d'accomplir ses dix-huit ans et l'on songeait à l'établir. La jeune Sophie manquait absolument de beauté, en dépit de sa taille bien prise, et déjà la petite vérole avait gâté ses traits et son teint. Néanmoins ce visage, quel qu'il fût, pouvait ne point déplaire et peut-être même plaire. Il rayonnait de santé, de

jeunesse, et le plus heureux caractère y mettait
une expression de bonté, de sincérité, de franchise. Tout au contraire de sa prudente belle-
sœur qui l'appelait, non pas peut-être tout à fait
à tort, *Hurluberlu*, elle avait pour habitude de
regarder les gens en face, trop en face même, et
de dire les choses tout comme elles lui venaient à
l'esprit, parfois un peu à l'étourdie, sans réfléchir, à tort et à travers, en pensionnaire, en petite
fille. De là des rougeurs subites, des accès de pudeur qui lui faisaient tout à coup monter le feu au
visage et balbutier de jolies gaucheries qui amu-
saient tout le monde, et la faisaient éclater de rire
avec les autres. « Hier, raconte Diderot, j'étais à
souper à côté de madame d'Houdetot, qui disait :
« Je me mariai pour aller dans le monde et voir
le bal, la promenade, l'Opéra et la comédie; et je
n'allai point dans le monde, et je ne vis rien, et
j'en fus pour mes premiers frais. » Ces « frais »
firent rire, comme vous pensez bien, et elle
ajouta : « C'est mon voisin qui boit le vin et c'est
moi qui m'enivre. » Dans l'énumération des motifs qui l'avaient déterminée à se marier, elle oubliait sans doute d'ajouter qu'on voulait l'empêcher de faire des vers. Non pas des élégies, bien

entendu, ni même des stances, mais de petits
couplets fort gentiment troussés, mignonnes
chansons, babil de fauvette inquiète qui voit
venir le printemps et se demande où bâtir. Parmi
tout cela perçaient des curiosités de pensionnaire,
des témérités de grande dame et d'artiste. Déjà se
montrait l'énergie d'un caractère généreux et
loyal; des yeux d'observateur eussent pu découvrir ici le germe de la femme qui osa se montrer
l'amie fidèle et désintéressée d'un homme malheureux. Mais madame d'Esclavelles en était encore aux idées de Fénelon sur l'éducation des
filles; la précocité de sa nièce l'alarma, elle résolut d'en faire une femme de ménage et d'intérieur, de mettre le livre de dépenses à la place du
petit papier doré sur lequel la rieuse et précoce
enfant recopiait ses essais. Avant tout on s'occupa de hâter un établissement qui mettrait fin à
la responsabilité de la tante ainsi qu'aux remarques plus ou moins indiscrètes de la petite personne. Ce mariage, destiné à tenir si peu de place
dans sa vie, et que la vanité décida, se fit en
moins de huit jours. Les gens d'argent, en ce
temps-là, ne savaient pas encore toute leur puissance, et croyaient s'élever en s'alliant à d'an-

ciens nobles. Certainement, aujourd'hui, on se montre expéditif en fait de mariage, et nos notaires mènent très-rondement les affaires de cœur. Autrefois la chose se faisait plus vite encore, il suffisait d'une conversation entre parents, les uns exhibant leurs parchemins, les autres montrant des titres de rente. Aux chuchotements des domestiques sur son passage, aux indiscrétions de Marton, plus capable qu'elle de s'apercevoir de ce qui se passait, la jeune fille, à peine sortie du couvent, devinait qu'un mariage se préparait, et qu'avant peu on l'appellerait madame. A cette pensée, toute rêveuse, elle baissait la tête et se demandait si son prétendu la ferait comtesse ou marquise, s'il lui donnerait de beaux diamants, s'il serait assez riche pour lui acheter une voiture. Ici, par exception, avant que de rien décider, l'on permit aux jeunes gens de s'examiner, de se voir. Voyez dans un récit contemporain ces délais, ces précautions, cette lenteur : l'opération ici se fait à la minute.

« M. de Rinville, » dit l'auteur de *la Femme au dix-huitième siècle*, « est venu proposer un mari pour sa fille Mimi (nom qu'on lui donnait dans l'intimité) dans la personne d'un de ses arrière-

cousins que l'on dit être un très-bon sujet.
Comme M. de Bellegarde est un excellent père,
et qu'il veut avant tout que le jeune homme plaise
à sa fille » — c'était une phrase qui se disait, —
— « on prend jour, et Mimi ayant été bien prévenue, parce qu'elle a l'habitude de ne faire attention à personne, l'on va dîner chez madame
de Rinville, où l'on trouve tous les Rinville et
tous les d'Houdetot du monde. Tout d'abord la
marquise d'Houdetot embrasse toute la famille de
Bellegarde. On se met à table, Mimi est à côté du
jeune d'Houdetot, M. de Rinville et la marquise
d'Houdetot s'emparent de M. de Bellegarde, et au
dessert on cause tout haut mariage. Le café pris,
les domestiques sortis : « Tenez! nous sommes
ici en famille, ne traitons pas cela avec tant de
mystère. Il ne s'agit que d'un oui ou d'un non.
Mon fils vous convient-il? Oui ou non ; et à votre
fille oui ou non de même, voilà l'*item*. Notre
jeune comte est déjà amoureux; votre fille n'a
qu'à voir s'il ne lui déplaît pas, qu'elle le dise...
Prononcez, ma filleule.» Là-dessus, Mimi rou-
git, et madame d'Esclavelles, cherchant à arrêter les choses, demande qu'on lui donne le temps
de respirer : «Oui, reprend M. de Rinville, il

vaut mieux traiter d'abord les articles ; et les
jeunes gens pendant ce temps causeront ensemble. — C'est bien dit, c'est bien dit. » — L'on
passe, sur ce mot, dans un coin du salon. Et
voilà M. de Rinville annonçant que le marquis
d'Houdetot donne à son fils 18,000 livres de
rente en Normandie, et la compagnie de cavale-
rie qu'il lui a achetée l'année d'avant ; voilà la
marquise d'Houdetot qui donne « ses diamants
qui sont beaux, et tant qu'il y en aura. » M. de Bellegarde riposte en promettant 300,000 livres
pour dot, et sa part de la succession. Et l'on se
lève en disant : « Nous voilà bien d'accord ; si-
gnons le contrat ce soir. Nous ferons publier les
bans dimanche ; nous aurons dispense des autres, et nous ferons la noce lundi. » Chose dite,
chose faite. En passant, l'on disait au notaire le
projet de contrat, on allait faire part du mariage
à toute la famille, et l'on retombait chez M. de
Bellegarde, où, le soir même, au milieu du froid
et de la gêne des deux familles entièrement in-
connues l'une à l'autre, l'on signait les *articles*.
Pendant la lecture, la marquise d'Houdetot re-
mettait à mademoiselle de Bellegarde comme
présent de noces deux écrins de diamants dont la

valeur restait en blanc, faute d'avoir eu le-temps
d'en faire l'estimation. Tout le monde signait;
on se mettait à table, et le jour de la noce était
fixé au lundi suivant. »

Le mardi, lendemain de cette noce, madame
d'Épinay, s'il faut l'en croire, trouvait la mariée
fort triste, et tout en larmes. « Elle m'a priée en
grâce, dit-elle, de la venir voir tous les jours; je
n'y manquerai pas; je sens trop le besoin qu'elle
doit avoir de ma présence dans les premiers
temps d'un mariage, et surtout d'un mariage tel
que le sien. » La tendre sœur que madame d'Épinay, et comme elle tient à ne point nous laisser
dans le doute sur la délicatesse de ses propres
sentiments en pareil fait! Cependant madame
d'Houdetot n'était guère *pleurnicheuse* de son
naturel, et cette crise nerveuse peut surprendre
chez l'aimable et saine nature que dans d'autres
circonstances elle se plaît à nous représenter
comme une écervelée, comme un « hanneton. »
Quoi qu'il en soit, et si tant est qu'elle pleura sa
vie de jeune fille, ce qui me paraît au moins dou-
teux avec ce caractère, il est plus que probable
que ce fut tout bas, et sans imaginer que sa
sœur en prendrait note sur le petit carnet où se

préparait son roman. Le portrait de M. d'Houdetot y figurait déjà, et cela sous des traits peu
flatteurs, comme on peut se l'imaginer. Pour faire
ressortir là pureté morale de l'héroïne, un *ange
déchu*, personnage inconnu à cette époque et par
là même neuf, il fallait nécessairement l'entourer
d'hommes pervers, l'assiéger de scélérats et de
monstres. A vrai dire, la chose n'était pas bien
difficile, les modèles ne manquaient point à une
époque où, pour en faire des coquins et des
lâches, on n'avait qu'à augmenter d'un degré
l'égoïsme commun à la plupart des hommes qui
tenaient le haut du pavé. De ce nombre on trouve
d'abord son propre mari, un La Popelinière au
petit pied, puis son premier amant, le fameux
fermier général Dupin de Francueil, fat à petits
talents, et qui séduisait les femmes de ses amis
en leur apprenant comment se composait l'accord
parfait; ensuite Duclos, celui-là même qui prenait les femmes par surprise et les maintenait
par la frayeur que leur inspiraient ses indiscrétions de commis-voyageur et ses brutalités de
grondeur morose. Madame d'Épinay, toujours
prête à sacrifier la vérité à l'intérêt de son roman, n'hésite point à la fausser aux dépens de

son nouveau beau-frère. Ce qui paraît certain, c'est qu'il appartenait à une ancienne famille ruinée en partie par le jeu, appauvrie par le faste, endettée par l'habitude de briller au premier rang. « Des joueurs de profession, » c'est ainsi que madame d'Épinay désigne la mère et le fils; quant au père, c'est un vieillard à demi imbécile, un vieux militaire « qui ne ressemble pas mal au roi de pique par son ajustement et par sa taille. Lorsqu'il est assis, il appuie volontiers ses mains et sa tête sur sa canne, ce qui lui donne un air de réflexion et de méditation qui lui fait honneur, sur ma parole. Il répète les derniers mots de ce que dit sa femme, il ricane et montre des dents que l'on aimerait autant qu'il cachât. » Le profil, enlevé de main de maître, vous montre une ruine de vieux débauché, instrument commode pour les manœuvres intéressées de sa femme, personne encore belle, et qui a au moins vingt ans de moins que son mari. Elle est très-maigre, très-pâle, avec des yeux de feu, des mouvements précipités et violents; et, malgré cette vivacité, on voit qu'elle ne fait rien sans projet et sans but. Ses gestes ont la plus grande part à sa conversation, et ses yeux se promènent autant par curio-

sité que par vanité. » Après les parents vient le
fils, le prétendu, un pauvre sire, selon madame
d'Épinay, « laid comme le diable, joueur de profession à vingt-deux ans à peine, peu avancé dans
le service : en un mot ignoré, et, suivant toute
apparence, fait pour l'être et pour le rester. » Ce
qui n'empêcha point M. d'Houdetot de monter en
grade, d'occuper à trente-huit ans celui de maréchal de camp, de mourir lieutenant général, et
finalement de se montrer toujours honnête homme
dans toutes les circonstances connues de sa vie.
Prenons garde aux cailletages des belles dames
qui veulent avoir de l'esprit aux dépens de tout le
monde, surtout aux dépens de leurs amis, de
leurs parents et de leurs intimes.

III

De la manière dont la plupart des mariages
s'arrangeaient alors, il est certain que mademoiselle de Bellegarde pouvait moins bien rencontrer. M. d'Houdetot avait non-seulement de la
loyauté, de l'honneur, mais encore du sens, du

tact, un sentiment d'équité naturelle et de bonté
innée qui l'empêchait de souffrir que les autres
fussent malheureux à cause de lui. Depuis longtemps il aimait ailleurs, quand il épousa sa femme,
et ne se croyait pas en droit d'exiger d'elle ce que
lui-même ne pouvait lui offrir. Ces détails, si con-
traires à toutes nos idées modernes d'honneur et
de délicatesse, pourraient choquer si l'on ne se
mettait au point de vue de l'époque, si l'on ne se
rappelait, entre autres, que le mariage, dépouillé
de ce qui jadis le rendait auguste et respectable,
n'était plus guère qu'une simple alliance de noms,
une association de fortunes, un moyen d'obtenir
des places ou des titres, une sorte d'appui naturel
que se prêtaient entre eux les riches et les puissants. Ces engagements, commandés par les exigences de la situation ou de l'usage, n'enga-
geaient point le cœur, qui demeurait libre de conserver ou de former d'autres liens : liens choisis,
éprouvés, aimés, parfois respectés, plus dignes
que l'engagement officiel du noble nom de mariage
et qui présentaient au monde l'exemple toujours
touchant d'un attachement sincère et durable.
Tant il est vrai que le cœur, aux époques les plus
dégradées, tient à prouver sa noblesse native, et

que rien ne parvient à l'effacer ! Mais d'autres
motifs non moins puissants se réunissaient pour
faire naître et favoriser ces sortes d'attachements
où la fidélité, chassée le plus souvent du mariage,
venait se réfugier. Je veux parler de cette fièvre
de plaisirs, de ces mille dissipations si propres à
mettre en relief les avantages de la beauté, à faire
valoir les ressources de la toilette, l'éclat emprunté
ou naturel du regard. Parmi ces distractions où
la classe opulente passait sa vie, et qui lui laissaient à peine un instant de repos entre la nuit et
le jour, surtout le jeu, la musique, l'Opéra, les
amusements d'été, les représentations d'amateur
offraient d'étranges facilités et d'étranges ren-
contres ; des femmes du monde déguisées en vil-
lageoises, un chapeau de roses coquettement posé
sur l'édifice poudré de leur coiffure, mariaient
leur voix à celle du ténor « *le plus couru :* »
comptez ces répétitions assaisonnées de bons
mots, pleines de gaieté et d'entrain, ces mille séductions auxquelles prêtaient le sans-façon de la
vie de château, les travestissements du caractère
et du costume ; comptez surtout le souper, si brillant et si libre, où la journée s'achevait dans la
causerie et dans le rire, au feu roulant des épi-

grammes, parmi le murmure des flatteries et des jolies malices débitées à l'oreille des femmes.

Ce fut de l'un de ces soupers, j'imagine, qu'un soir se leva plus rose et le regard plus animé qu'à l'ordinaire notre jeune comtesse. Je suppose qu'elle avait ri, hasardé deux ou trois mots heureux, échangé quelques saillies avec son voisin de table, un écrivain, un poëte, bien mieux, un homme du monde, bien mieux encore, le rival préféré de Voltaire, l'amant préféré de la marquise du Châtelet, la plus belle et la moins austère des femmes doctes. Il y avait quelque mérite à plaire au marquis de Saint-Lambert. Non pas qu'il fût un poëte remarquable. Son poëme des *Saisons* est infiniment ennuyeux aujourd'hui, et je suppose qu'il y a cent ans ceux qui le louaient tout haut bâillaient tout bas. Mais on ne demande pas une perspective bien large au petit jardin en fleurs où voltigent les papillons ; il ne faut point chercher des poëtes à une époque dont toute la poésie tiendrait dans les quatre vers d'un impromptu. Ce qui a guindé et roidi sa poésie fit peut-être son mérite aux yeux de madame d'Houdetot. L'orgueilleux Saint-Lambert n'avait point un genre d'esprit tourné vers le madrigal, il dédaignait ces mièvreries un peu fades qui flattaient la plupart de ses contemporains. D'ailleurs sa hauteur naturelle le préservait du ton de la galanterie vulgaire ; il ne rendait guère d'hommages, et se contentait d'accepter avec froideur ceux qu'on lui offrait. Si grand d'orgueil, avec une estime aussi exagérée de lui-même, il avait trop d'esprit pour être fat, et se distinguait de la plupart des hommes du temps par un ton parfait, par l'habitude des allures discrètes et un peu froides qui trahissent immédiatement l'homme bien élevé, le gentilhomme. C'est plus volontiers aux hommes de cet esprit et de ce caractère que se confient les femmes vraiment candides. Des allures trop ouvertement passionnées ou galantes les effarouchent, elles ne se méfient point de l'homme réservé et fier qui n'a pas l'air de quêter leurs suffrages, et croyant qu'il ne s'avance point, elles ne se retirent pas.

« La comtesse d'Houdetot doit venir passer quinze jours avec nous ; elle n'ira point cette année dans sa terre. Il me semble qu'elle s'est liée intimement, mais très-intimement avec M. de Saint-Lambert. Elle ne parle qu de lui, elle ne cite que lui : c'est un enthousiasme si franc, si

13

excessif, que le comte pourrait bien en mettre
son bonnet de travers. Elle prétend que Saint-
Lambert meurt d'envie de m'être présenté. Cette
envie ne lui a pas pris subitement, car je le connais depuis deux ans, et il ne m'en a jamais rien
dit. Quoi qu'il en soit, elle l'amènera; je suis cu-
rieuse de les voir ensemble. » Ces lignes mo-
queuses, qui dépeignent si bien madame d'Épinay, dépeignent encore mieux, ce me semble, la
toute-puissance du sentiment qui venait d'envahir sa jeune belle-sœur. Il la remplissait si bien,
qu'elle ne croyait pas faire mal en s'y livrant. A
force de candeur, elle devenait imprudente, et ne
s'apercevait point des sourires moqueurs que pro-
voquaient ses naïvetés. « Quand le cœur est plein,
les lèvres débordent, » dit un proverbe allemand,
et ce proverbe, qui ne semble vrai que pour une
Marguerite ou pour une Héloïse, l'était aussi pour
cette évaporée Parisienne sortie du monde le plus
artificiel et le plus raffiné. Cependant le rayonne-
ment tout matinal de son bonheur éveillait les
scrupules de quelques amies dévouées qui crurent
devoir avertir le mari. Mais le mari, qui savait ce
que valait sa femme, répondit de façon à fermer
la bouche à ces amies trop empressées. Ces ména-

gements et ces égards ne s'adressaient point à
une ingrate ; on le voit par les lignes suivantes
adressées à Rousseau qui, plus égoïste que M. d'Houdetot, ne sut pas ménager le repos de celle qu'il
aimait. Il s'agissait d'une calomnie à laquelle lui-
même se trouvait mêlé, et qui avait madame d'Houdetot pour objet. « Mon mari me connaît et m'estime, lui répondait-elle noblement ; il peut penser
que mon cœur est tendre, et excuser en moi une
faiblesse dont il se doute peut-être, mais qui ne le
rend pas malheureux ; ainsi il connaît mon cœur,
et la calomnie ne trouvera pas foi contre moi. »

IV

J'ai nommé Rousseau, sans qui madame d'Houdetot serait peut-être oubliée aujourd'hui. Il la vit
pour la première fois au château de la Chevrette,
magnifique domaine où le père de madame
d'Houdetot avait fait construire un joli théâtre
destiné à des représentations d'amateurs. Les plus
brillantes actrices étaient madame d'Épinay, madame d'Houdetot, et leur cousine, cette gentille

présidente de Maupeou qui était la folie et le rire
même, et qui, dit-on, se brouilla presque avec
son mari parce qu'elle jouait avec un naturel trop
parfait au théâtre, lorsqu'il s'agissait de duper un
époux. M. Dupin de Francœuil, alors dans la lune
de miel de ses amours avec madame d'Épinay,
s'instituait l'ordonnateur en titre de toutes ces
fêtes.

Entre autres écrivains et gens de marque, il
menait à sa suite une espèce de sauvage, un
composé d'homme d'esprit et de sot qui se
nommait Rousseau, et se trouvait alors en qualité
de secrétaire chez madame Dupin de Francœuil.
Ce Rousseau, qui commettait vingt maladresses
par jour, et réussissait ainsi à se faire regarder,
par toutes ces bévues, comme une sorte d'ani-
mal curieux, n'était pas, à proprement dire, un
invité, et s'il était à la Chevrette, c'était surtout pour surveiller les répétitions et distribuer
les rôles d'une comédie de société dont il était
l'auteur et qui devait faire merveille. Cet emploi subalterne, et dont tout autre eût tiré diffici-
lement parti, était fort propre à faire ressortir le
maintien tout artificiel de l'homme le moins arti-
ficieux de son temps. Rousseau, le plus affecté

des hommes, l'était de bonne foi ; il jouait le solitaire rude, l'homme de la nature aussi sincèrement
que d'autres autour de lui jouaient le petit-maître
et l'élégant de salon. Il était ours comme les autres
étaient singes, de parti pris.

Les grands succès, il ne faut point l'oublier,
s'obtiennent surtout par les grands contrastes ; à
force d'abuser des raffinements et du luxe, on en
arrive à ne plus estimer que la simplicité, voire
même à la confondre avec la rusticité. On s'engoua
de Rousseau, du naturel et de la nature, comme plus
tard on quitta la robe somptueuse à grande envergure pour s'habiller en première communiante, et
les gerbes de diamants pour une gerbe de fleurs.
Dans le monde opulent et fardé où un écrivain
pauvre semblait encore un homme à gages, un
domestique chargé de rédiger les louanges de son
patron et de lui mettre en vers ses bonnes fortunes,
on pouvait, à bon droit, s'étonner de voir un écrivain de talent préférer le travail à l'aumône ; pousser la sincérité jusqu'au cynisme, et ne déguiser
ni ses misères, ni ses faiblesses, ni ses turpitudes,
ni ses fautes. Ainsi s'établit l'autorité subite de
cette voix rude, peu faite aux formules vulgaires
de la politesse, et qui, soudain et comme un re

tentissement d'oracle, osait s'élever au-dessus du
concert un peu fade des voix mondaines. Sa *vertu*
était un spectacle; on trouvait de la grandeur à
ce qui, de nos jours, ferait rire; il n'était pas
jusqu'à la simplicité affectée de son costume, à
son humeur de dogue fâché, qui ne servissent à
le mettre en relief, à donner du prix à ses moindres
boutades. D'ailleurs, il faisait repoussoir parmi
les philosophes d'alors, qui ne se piquaient guère
de stoïcisme; on ne pouvait refuser son attention
au personnage unique qui, dédaigneux des avantages de la fortune ou de la naissance, hésitait
même à s'incliner devant la beauté. Mais s'il se
roidissait avec autant d'emportement contre ces
royautés de hasard ou de fortune, en revanche, on
ne vit jamais personne plus faible contre les piéges
mignons et toutes les jolies chatteries auxquelles
la vanité se prend. Les hommes du caractère de
Rousseau exigent un traitement à part, et caresser
leurs travers est le meilleur moyen de leur prouver qu'on les admire. Cet homme, si énergique
en paroles, si fier en théorie, était ravi quand on
s'occupait de lui, s'exaltait, s'attendrissait, quand,
par aventure, il se voyait l'objet des prévenances
d'une femme du monde. Madame d'Épinay l'était,

quoique d'ordre inférieur, et ne tarda pas à deviner de quelle utilité pouvait devenir le dévouement d'un homme qui parlait en sage, et qui se conduisait en enfant. On sait pourquoi Rousseau se brouilla avec elle, on l'apprendra mieux encore en lisant les lettres qu'on vient de retrouver, et que je citerai tout à l'heure. Lettres charmantes, et qui sont le meilleur témoignage de l'esprit aimable et affectueux de leur auteur. Auparavant, je dois dire un mot encore sur l'origine du sentiment qu'elle inspira, et que rien, jusque-là, ne semblait annoncer.

Rousseau avait causé vingt fois auparavant avec madame d'Houdetot sans songer à s'éprendre d'elle. Une escapade de pensionnaire qui s'ennuie, un caprice de grande dame prise d'une envie soudaine de faire l'école buissonnière ; voilà, je crois, l'occasion de cette passion, ou, si vous voulez, de cette folie. Madame d'Houdetot, privée de la société de Saint-Lambert, qui était allé rejoindre l'armée, s'ennuyait chez elle et songea à aller surprendre dans son ermitage « le Solitaire. » « Sa visite, dit Rousseau, eut un peu l'air d'un début de roman. Elle s'égara en route. Son cocher, quittant le chemin qui tournait, voulut traverser en

droiture, du moulin de Clairvaux à l'Ermitage ;
son carrosse s'embourba dans le fond du vallon :
elle voulut descendre et faire le reste du trajet à
pied. Sa mignonne chaussure fut bientôt percée ;
elle enfonçait dans la crotte ; ses gens eurent toutes
les peines du monde à la dégager, et enfin elle
arriva à l'Ermitage en bottes, et perçant l'air d'é-
clats de rire, auxquels je mêlai les miens en la
voyant arriver. Il fallut changer de tout ; Thérèse
y pourvut, et je l'engageai à oublier la dignité pour
faire une collation rustique dont elle se trouva
fort bien. Il était tard, elle resta peu ; mais l'entrevue fut si gaie, qu'elle y prit goût, et parut disposée à revenir... » Certes, il y avait de la curiosité
dans cette visite : le souhait de surprendre le sauvage dans son antre ; mais, à côté de ce sentiment
si naturel, il y en avait un autre plus noble, et tout
à fait digne de celle qui l'éprouvait. Une personne
douée d'un tact aussi délicat avait certainement
lu ce jour-là dans les yeux de Rousseau, qui ne
savait guère cacher ce qu'il sentait. Elle ne pouvait douter que désormais, par sa faute ou non,
Rousseau ne fût malheureux. C'en était assez pour
qu'elle cherchât à lui témoigner son intérêt et son
estime, pour qu'elle revînt. Elle revint sous pré-

texte de lui apporter des nouvelles de Saint-Lambert, qui venait de repartir. « A ce voyage, elle était à cheval et en homme. Quoique je n'aime guère ces sortes de mascarades, je fus pris à l'air romanesque de celle-là ; et pour cette fois ce fut de l'amour. » Peut-être était-ce aussi l'amour-propre. Deux visites d'une telle dame à un pauvre homme ! Une telle femme auprès d'une Thérèse ! Et une femme du monde, qui, par ces visites, faisait parler d'elle, et peut-être se compromettait.

V

Si elle ne fut point compromise, elle manqua de l'être, et, tout naturellement, madame d'Épinay la première se mit à propager ce bruit. Ce bruit parvint jusqu'à Saint-Lambert qui, moins par tendresse que par amour-propre, en prit l'alarme et s'empressa d'en témoigner son mécontentement à l'amie absente. « Je vous envoie, écrit-elle à Rousseau, une lettre de mon ami. Il est plus raisonnable pour vous que pour moi. Il m'en a écrit une qui m'a fort affligée. Vous qui connaissez

mon cœur, quand vous lui répondrez, vous pourrez lui dire que vous le connaissez bien, et qu'il
n'y peut entrer même aucun sentiment d'amitié
que pour ce qu'il a lui-même jugé d'être digne
de ses amis et s'il s'intéresse à ma santé, qu'il
craigne de m'affliger. » Quoi qu'il en soit, il y
avait là plus qu'une grande dame qui visite un
écrivain, et simplement pour causer avec lui de
choses et d'autres ; il y avait une femme de cœur
et d'esprit, une personne avide d'émotions nobles,
qui éprouvait le besoin de sortir du milieu fade et
faux où souvent elle s'ennuyait. « Ne me deman-
dez pas quelle est ma vie, lui écrit-elle un jour ;
je remplis indifféremment des devoirs de société
auxquels je ne fais que me prêter... » Et une autre
fois, à propos des plaisirs du carnaval qui ne parviennent plus à la distraire : « Je n'avais pour ces
espèces d'amusements qu'un goût d'enfant attaché au spectacle et au bruit. Mon âme ne sait où
répandre sa tristesse, dit-elle encore ; et je ne
trouve point autour de moi de cœur qui m'entende. » Ce cri naïf explique en partie son abandon avec l'homme qu'elle jugeait digne de sa confiance, et les confidences tant blâmées, et peut-être
imprudentes, qui lui échappèrent à propos de sa

liaison avec Saint-Lambert. Il est certain qu'à ce moment, l'homme dans Rousseau disparaissait complétement pour ne laisser sous ses yeux que l'ami; qu'elle oublia le vieux garçon engagé dans je ne sais quelle association économique et grossière avec une servante, pour ne songer qu'à l'écrivain de génie qui, à genoux devant elle, essayait de relever une Julie, et adorait la grandeur déchue de l'amour.

Reste une question délicate, et que je ne me chargerai point d'éclaircir. Faut-il croire que madame d'Houdetot, comme on l'assure, se sentit un jour faible en présence de Rousseau, et que devant un genre d'éloquence alors rare, elle fut un moment tentée d'oublier Saint-Lambert? Ce qui est sûr, c'est qu'elle ne l'oublia point; ce qui me paraît non moins sûr, c'est que, connaissant mieux Rousseau, elle regretta son imprudence. Ce qui me paraît plus sûr encore, c'est que, le mal une fois fait, madame d'Houdetot ne se crut pas libre de se dégager d'un ami malheureux, qui à tout moment pouvait avoir besoin de ses services.

« Je vous en conjure, mon cher citoyen, défendez-vous du chagrin et ne vous en laissez point

abattre ; il flétrit l'âme, lui ôte toute énergie, et
la rend incapable de tout effort ; il met tous les
objets dans un faux jour, il rend souvent injuste
et nuit également à tout bonheur et à tout travail... C'est trop d'être triste et d'être malade, et
quoique votre imagination travaille souvent à vous
rendre malheureux, vous n'en êtes pas moins à
plaindre et je ne m'en afflige pas moins de ce que
vous souffrez. Qu'elle ne mette pas au nombre
de vos peines celle d'être oublié et abandonné
de moi, cela ne peut être. Je m'afflige de ce que
vous souffrez et plains tous vos maux comme vos
injustices. Croyez qu'il m'en coûte beaucoup
d'être si près de vous et de ne pouvoir vous voir,
faites-moi dire de vos nouvelles, et trouvez bon
que je vous conjure au nom de l'amitié, si votre
état a besoin de quelque secours, de vouloir
bien vous adresser à moi. Véritablement, vous
feriez un crime envers elle de me refuser cela... »

D'autres fois elle lui parle comme à un malade,
elle le traite en enfant irrité et nerveux que l'on
essaye de calmer et de raisonner tout ensemble.

« Je vous en conjure, mon cher citoyen, ne vous
livrez pas à la noire mélancolie qui vous obsède :
c'est la première prière de mon amitié et c'est la

plus pressante. Ne vous croyez point seul sur la
terre, puisque vous y avez des amis, et ne leur
faites point l'injure de penser qu'ils puissent vous
oublier, ou vous abandonner. Ne m'affligez plus
par votre tristesse, et ne m'outragez point par votre
inquiétude. Il semble que votre cœur aigri se
plaise à nourrir et à augmenter le sentiment qui
l'afflige; c'est sans doute l'effet de vos maux et de
la saison. Quelle qu'en soit la cause, je vous
plains... » « Adieu, mon ami, ajouta-t-elle un peu
plus bas; songez à votre amie dans votre solitude.
Je vous exhorte encore aux occupations que vous
avez projetées. Dites-moi où vous en êtes, songez
à mes copies. Je vous exhorte, mon cher citoyen,
à les presser. Ce n'est point en personne pressée
d'un ouvrage commandé que je vous en prie, c'est
en amie pressée de jouir de ce qui vient de vous,
d'un ouvrage où je trouverai mille choses qui sa-
tisferont mon âme et la rendront meilleure. En-
voyez-moi votre petit air pathétique, et distrayez-
vous quelquefois de vos sérieuses et utiles occupations, pour vous souvenir de deux cœurs qui
vous aiment, et qui ne sont pas indignes du
vôtre. »

Un détail frappant, et qui répond victorieuse-

ment, ce me semble aux doutes dont j'ai parlé
tout à l'heure, c'est qu'elle associe toujours Saint-
Lambert à toutes les preuves d'affection, à tous
les conseils qu'elle donne à Rousseau. Celui-ci,
toujours susceptible, se plaignait de ce que Saint-
Lambert, alors à Aix-la-Chapelle, ne daignât pas
lui répondre. J'omets les quelques lignes où elle
explique le retard de ces réponses, pour en arriver
à la leçon, au petit sermon affectueux et tout féminin dont elle le caresse et le munit :

« Voyez combien vous êtes injuste pour lui.
Corrigez-vous de cela, mon cher citoyen. Il est
cruel, il est dur de se voir si promptement
soupçonner de froideur ou de négligence. Ni lui
ni moi n'aurons jamais de reproches à vous faire
à vous. Je mets ensemble deux âmes qui ne peuvent être séparées, et qui se réuniront encore pour
vous aimer. Oui, mon cher citoyen, nous respec-
terons toujours en vous cet amour pour la vertu;
nous admirerons cet esprit supérieur et ces rares
talents, nous aimerons cette âme sensible qui
vous rend si propre à l'amitié que pourtant vous
devriez soupçonner moins légèrement... Je compte
aller vendredi à la Chevrette et je désire fort vous
y voir; je vous en prie même, si vous le pouvez

sans vous incommoder. N'écoutez pas le noir sentiment qui vous éloigne de vos amis et de ceux qui vous aiment. Vous ne trouverez que de la douceur auprès d'eux, quand vous y apporterez plus de raison et moins de mélancolie, et surtout la confiance que vous devez à leur amitié, principalement à la mienne. Souffrez aussi que je vous exhorte à vous distraire, en vous occupant des ouvrages que vous avez commencés et que vous m'avez montrés. Il y en a un surtout qui doit vous plaire. Enfin, ménagez votre santé et dissipez-vous. »

La leçon, ici, se déguise sous un ton d'affectueuse câlinerie. Impossible d'agir avec plus d'indulgence, de montrer un caractère plus aimable, de mieux ménager l'amour-propre toujours souffrant d'un homme orgueilleux, habitué à se croire offensé ou méconnu. Par moments néanmoins celui-ci pousse les choses trop loin; la patience s'échappe, on reconnaît l'accent bref et ferme de la grande dame pressée de mettre fin à mille susceptibilités puériles.

« Apprenez à ne plus vous croire abandonné quand on ne répond pas sur-le-champ à des lettres auxquelles on a déjà répondu un mot, mot

où l'on vous prévient qu'on prendra son temps
pour y répondre. Tenez-vous tranquille et occupez-
vous de quelque chose. Votre imagination se dévore elle-même et vous tourmente. Encore une fois,
tenez-vous tranquille et vaquez à vos occupations.»
Le conseil ne plut guère à Rousseau, si l'on en juge
par les lignes suivantes tracées peu après : « Vous
êtes encore une fois injuste envers moi, mon cher
citoyen ; j'ai prétendu vous reprocher non vos lettres, mais l'inquiétude qui vous les fait rendre si
fréquentes, et qui est offensante pour vos amis.
Quittez donc le ton que vous avez pris dans votre
dernière lettre, je ne le mériterai jamais. »

Mais voici un billet plus roide, et qui mieux
que les précédents encore définit le genre d'attachement que madame d'Houdetot avait pour
Rousseau.

« Votre lettre ne m'a point offensé ; je méritais
trop peu les injures que vous m'avez dites pour
m'en fâcher ; elle m'a fait voir seulement, ainsi
que votre avant-dernière lettre, où vous faites le
procès à tout attachement et à toute amitié, que
notre caractère et nos opinions sont trop opposés
sur différentes choses pour que notre liaison ait pu
subsister sans orage, et c'est ce qui m'a déter-

minée à la rupture que vous m'avez proposée. Ce
n'est pas que je puisse cesser de vous rendre justice ; vous avez des vertus que je connais, que
j'estime et que je défendrai contre tous ceux qui
voudraient les attaquer, et vous pourrez être sûr
que l'on n'entendra jamais de moi que des choses
qui feront respecter celui qui fut mon ami. Mais
votre conduite et l'opposition qui est entre nous
m'a montré la nécessité d'accepter ce que vous pro-
posiez. Je romps sans aigreur et sans rancune une
liaison où je ne pouvais jamais vous contenter.
Mon cœur, plein de la passion qui l'occupe, ne
pouvait peut-être donner à une autre amitié autant qu'elle pouvait exiger. J'ai cru, en vous offrant mon amitié et en recherchant la vôtre,
assurer à ce que j'aime et à moi un ami qui
ajouterait de l'agrément et de la douceur à notre
vie. Vous m'avez prouvé que cela n'était pas. »

Devant une lettre si modérée de sens, si loyale,
tout autre homme eût compris son tort et imploré
son pardon. Mais les gens très-supérieurs savent
seuls s'avouer coupables, parce qu'ils sentent
qu'ils n'y sauraient perdre. Rousseau se borna à
demander s'il devait continuer ses copies de la
Nouvelle Héloïse, et voici ce qu'on lui répondit :

14.

« J'accepterai vos copies avec plaisir, comme
une preuve de votre confiance et du ressouvenir
de notre ancienne amitié ; mais trouvez bon que
je vous les paye parce que je croirais vous voler le
prix du temps que vous y aurez employé, et parce
qu'il est juste que chacun vive du métier qu'il a
choisi ; je ne croirai point les avoir achetées, et ma
reconnaissance restera la même. Je vous prie *de
vous conformer à cela*, et de croire, malgré *votre
amitié retirée* et la rupture de notre liaison (à laquelle je ne pouvais donner autant que vous y pou-
viez donner vous-même, et qui devenait trop ora-
geuse, mais que vous seul m'avez forcé à rompre),
que je ne me suis rien reproché tant qu'elle a duré,
et que je ne me reprocherai rien après qu'elle aura
fini. Je vous verrai avec plaisir si l'occasion s'en
présente. Je conserverai de l'intérêt pour vous, et
de l'estime pour le bien qui est en vous, et m'em-
ploierai toujours pour vous conserver les amis qui
vous restent, et vous défendre contre ceux qui se
sont éloignés de vous. Si vous avez reçu quelque
bienfait de moi, je ne vous en demande pas d'autre
reconnaissance. Si vous poussiez l'injure jusqu'à
être inquiet de la lettre de Voltaire qui est entre
mes mains, je vous la remettrais, et vous prierais

d'être sûr, pour votre tranquillité, qu'elle n'a pas été une minute sous d'autres yeux que les miens, et sans m'offenser plus de cette injure que je n'ai fait des autres, que je n'ai point méritées. »

Les situations, ici, semblent devoir se rétablir ; mais cela ne dura pas ; une personne aussi bonne ne pouvait user longtemps de prérogatives capables d'humilier un ami, et elle s'empressa de lui en demander pardon.

« J'ai bien peur, mon cher citoyen, de m'être trop emportée dans mes dernières lettres. Je vous avoue que les vôtres m'avaient fait trembler et penser qu'il serait difficile de vivre en paix avec vous, et sans craindre chaque jour quelque nouvel orage. Votre extrême vivacité, une trop mauvaise opinion de vos amis et quelques sentiments de solitaire sur l'inconvénient de toute amitié, m'avaient fait penser que tôt ou tard je vous verrais rompre vous-même une liaison à laquelle vous paraissiez renoncer assez volontiers. C'est pourquoi je prenais le parti d'y renoncer dès aujourd'hui et que je pensais que vous feriez une fin vous-même. Mais mon amitié pour vous ne peut s'accommoder du parti que j'ai pris, et je n'ai pu me résoudre à abandonner un ami dans le

temps que les autres l'abandonnent, et, fût-ce par
sa faute, il suffit qu'il soit malheureux et encore
attaché à moi pour m'y déterminer; et m'eût-il
offensée, je dois plutôt sentir son malheur que ses
fautes, surtout tant que je pourrai croire mon
amitié de quelque consolation pour lui. Je me
repens donc, mon cher citoyen, de ce que j'ai fait ;
je ne rougis point de vous en demander pardon,
et j'en suis trop punie si j'ai causé un instant de
chagrin à un être déjà malheureux et qui est mon
ami. Répondez-moi donc pour m'assurer que vous
avez oublié ma vivacité comme j'ai oublié la vôtre.
Je n'ai point un cœur qui sache ainsi s'éloigner
de ses amis, et ne point oublier leurs fautes. Ne
me montrez plus seulement cette humeur solitaire
qui vous fait regarder toute société avec mépris et
comme une source de mal, ou comme un escla-
vage onéreux; ni cette défiance de vos amis qui
vous donne trop souvent pour eux ou d'inju-
rieux soupçons, ou une opinion trop désavanta-
geuse, et qui se répand trop en injures et en
termes méprisants et dénigrants. »

Pour bien juger du mérite de ce qui précède,
il faut se rappeler que ceci s'adressait au plus in-
supportable des hommes, à un homme assez vé-

tilleux pour s'offenser d'une lettre affranchie, d'une bagatelle.

« Je ne ferai plus affranchir mes lettres, puisque cela vous déplaît; mais, mon ami, apprenez qu'il ne faudrait pas que l'amitié se blessât ainsi pour des riens. Ah! je vous pardonnerais tout cela si je voyais que la vôtre au moins me donnât ce plaisir que j'attends d'elle, et qui me prouverait si bien sa sincérité. Vous m'entendez, mon ami, il me semble que vous devez compte à mon amitié des moindres besoins que vous lui tairiez et qu'elle se croirait si heureuse de vous épargner. »

Tout ceci semble moins littéraire qu'aimable, et témoigne d'un naturel charmant et d'une grande bonté plutôt que d'un esprit réfléchi et sensé. Mais la vraie bonté, qui n'est autre, après tout, que la plus saine des philosophies, est ordinairement le meilleur guide en fait de jugement, et madame d'Houdetot en donna une seconde preuve dans la conduite à la fois habile et délicate qu'elle sut tenir dans une situation assez critique, je veux dire la brouille de Rousseau avec madame d'Épinay et autres amis.

Madame d'Épinay, comme on sait, incommodée mal à propos, dut faire une absence de plusieurs mois, et Rousseau, que l'on engageait à l'accompagner, se crut victime d'un complot destiné à lui faire jouer un rôle ridicule, un rôle de dupe. Si cela était, il avait trois fois raison; cependant un homme d'esprit se fût tiré d'affaire à bon marché; il eût pu répondre en riant que d'autres avaient de meilleurs titres que lui pour faire ce voyage. Mais Rousseau, défiant, aigri, commença, comme à son ordinaire, par lâcher de grands mots, sinon de gros mots, et par lancer des anathèmes contre tout le monde; ce qui était maladroit et, de plus, indélicat; en pareille circonstance, on parle bas, tout au moins, et l'on évite de faire du bruit. De même, Rousseau, comme tout homme naturellement gauche, avait vaguement conscience de ses gaucheries; une fois commises, il ne parvenait plus à les oublier.

« Madame d'Épinay est partie, lui écrit madame d'Houdetot, il ne s'agit plus, mon cher citoyen, que de vous tranquilliser l'esprit sur ce que vous avez fait. J'étais fort persuadée de la force des raisons que vous avez eues de ne pas la suivre; mais je désirais que vos amis en fussent aussi convaincus que moi, parce que je trouve qu'il est dur que nos amis nous soupçonnent d'un tort.

Mais quoi qu'ils pensent, il faut, il faut toujours se consoler quand on n'en a point. La seule peine qu'on ne pourrait s'ôter serait d'en avoir eu. Mais il faut que je prenne un moment le parti de votre ami, et que je vous parle avec la sincérité digne de tous deux et de notre amitié. Vous avez mal jugé, je crois, du motif qui l'a engagé à vous presser de suivre madame d'Épinay. Il est simple que votre ami ait craint pour vous le tort de vous voir manquer dans une occasion essentielle à une amie, et qu'il vous ait parlé avec la chaleur de l'amitié. Il s'est trompé dans ce qu'il regardait comme une obligation pour vous; son zèle, dans ce cas, n'en était pas moins une preuve de son attachement. Ce qu'il y avait à faire, c'était de lui expliquer paisiblement vos raisons, avec autant de tranquillité qu'il y mettait de vivacité. Elles suffisaient à lui répondre, puisqu'elles étaient bonnes, et dans peu d'instants vous auriez ramené vos amis à vous approuver et à vous rendre la justice qu'ils vous doivent. C'est l'objet que vous remplissiez dans ce que je vous conseillais d'écrire à M. Grimm.

« Peut-être avez-vous mis trop d'emportement à votre réponse; il faut vous défier des premiers mouvements. Je vous l'ai dit, mon ami, il faut tou-

jours tâcher de mettre un intervalle entre la chaleur de la passion et les réponses que vous faites.
Sans cela vous êtes exposé à dire bien des choses
dont vous vous repentez après. Ne croyez pas non
plus, mon ami, que l'on ait voulu exercer sur vous
un empire tyrannique. Soyez libre, vous êtes fait
pour l'être ; mais vous êtes fait aussi pour excuser,
pour être reconnaissant, même des conseils libres
de l'amitié, dont le chagrin le plus sensible serait
de vous voir faire une faute. Il vous suffit de lui
montrer que vous n'êtes point capable d'en faire ;
vous contentez par là la fierté de votre caractère,
sans manquer à l'amitié. Oui, mon cher citoyen,
quand votre ami et moi nous avons dit notre avis
dans cette affaire, le même intérêt pour vous nous
a rassemblés sans même nous être entendus. La
douce, la tendre amitié connaît-elle l'empire que
vous lui supposez? Non, mon ami, elle s'alarme
pour ceux qu'elle aime, leur parle avec chaleur
pour prévenir leurs torts, et ne leur en voit que
le moins qu'il est possible. On lui doit, je crois,
d'excuser une vivacité qui a un motif si doux et
si tendre, et de lui donner, quand on le peut, le
plaisir de sa justification. Voilà ce qui m'a fait vous
représenter, d'abord ce que vous deviez au zèle de

votre ami, et vous exhorter ensuite à lui exposer vos raisons, et cette espèce d'abandon que vous faisiez de votre avis aux conseils de l'amitié était la chose la plus propre à le forcer à l'attention sur le parti qu'il vous avait conseillé, et par conséquent à le ramener à vos raisons; car croyez que c'était comme votre ami, et non comme celui de madame d'Épinay, qu'il vous conseillait de la suivre, et que ce n'était ni une fermière générale, ni même une bienfaitrice que lui et moi pensions d'abord que vous deviez suivre, mais une amie qui pouvait avoir besoin de vous. A cela vous aviez vos raisons à répondre; il les fallait dire comme vous avez fait avec moi, et tout était fini.

« De tout ceci, mon ami, voici ce qu'il y a à conclure; précisément, c'est que loin de savoir mauvais gré à Diderot de ce qu'il a fait, vous n'y devez voir qu'une preuve de plus de son amitié; secondement, qu'il ne faut pas accuser de tyrannie des amis qui ne veulent point vous contraindre, mais qui vous aiment trop pour ne pas s'alarmer quand ils craindront de vous voir un tort; même en ne leur cédant pas, vous devez respecter leurs motifs : enfin vous n'avez point ce tort, vous le leur prouvez. Après cela, il ne vous reste qu'à vous tenir tranquille, et à être content et d'eux et de vous. Si vous devez excuser la vivacité qu'ils ont mise dans leurs représentations, ils doivent, à leur tour, excuser celle que vous avez mise peut-être de trop dans vos réponses.

« Après ces considérations, croyez, mon cher citoyen, qu'il ne restera plus au fond de nos cœurs que cette tendre amitié qui n'a péché que par la chaleur, et que vous avez plus de raison que jamais de rester uni à vos amis et de les aimer. Quant au billet de Grimm, je n'y vois rien de ce que vous semblez y craindre. Il me paraît seulement qu'il n'a pas mis autant d'importance à votre départ que Diderot et moi, et qu'il ne pense pas que vous deviez mettre autant de vivacité à vous justifier d'une chose où il ne voit point de tort. Sans doute il vous écrira encore, et ce qu'il pense vous sera plus dévoilé. Attendez sa lettre et surtout songez, cher citoyen, combien on doit hésiter à soupçon-ner et de perfidie et de fausseté ce qu'on a jugé digne de son estime et de son amitié. Voyez ici, mon cher citoyen, l'illusion de la mienne, qui me persuade que je puis vous donner des avis sur des choses que vous trouvez au fond de votre cœur bien mieux encore que je ne puis vous les dire,

et qu'il ne faut que calmer un instant votre première vivacité pour vous les faire sentir.

« Pardonnez-moi, à mon tour, et commencez
à faire usage de la règle que je vous donne, en
excusant ce zèle de mon amitié, dont vous vous
passeriez bien, mais qui servira du moins à vous
prouver combien elle est vraie et sincère. A charge
de revanche, mon ami, vous en aurez plus d'une
occasion. Cela établi, je ne vous ferai plus d'excuse.
Peut-on en devoir de ce que fait faire l'amitié ?
Dites-moi des nouvelles de la suite de tout cela,
et de Diderot et de Grimm ; et pour finir toute ma
morale, promettez-moi de modérer toujours, avant
de vous expliquer, cette vivacité qui vous fait dire
souvent des choses que vous vous reprochez ensuite ; puisque vous n'êtes pas toujours maître de
vous corriger, que les autres aussi peuvent ne pas
l'être, il faut donc tâcher de se retenir soi-même
dans un mouvement de passion ; on y trouve un
double avantage : c'est qu'on ne court pas de
risque d'exciter celle des autres ; car on ne manque
guère d'attirer un tort de la part d'autrui quand
on a commencé par en avoir un soi-même ; ils se
multiplient, les liens se relâchent et se rompent.
Si l'on pouvait obtenir de soi de modérer son

premier mouvement ou de se porter à l'indulgence
de part et d'autre, à avouer de bonne foi sa vivacité, quand on s'est échappé, les amitiés seraient
éternelles et n'éprouveraient pas d'altération.

« Pardon encore, mon ami, j'ai fini. »

C'est dommage, n'est-il pas vrai? Au contact
de cette bonté prévoyante et de cette sagesse
féminine, on se sent devenir meilleur; on voudrait lire encore et toujours. D'autres ont raconté
sa fin heureuse. Elle avait perdu son ami, et restait
fidèle à ses souvenirs, souriante à tout ce qui l'a-
vait fait sourire autrefois. Tous ces traits, certes,
font son éloge : moins pourtant, ce me semble,
qu'un simple mot échappé à M. d'Houdetot lorsque
mourut Saint-Lambert. Saint-Lambert venait de
s'éteindre chez eux accablé d'infirmités, et, dit-on,
devenu morose avec l'âge et difficile à vivre. Madame d'Houdetot, présente à sa fin, pleurait, et
son mari, tristement ému à la vue de ce vieux visage en pleurs, se détourna et dit à sa femme :
« Comme nous aurions pu être heureux ensemble! »

ELISABETH-LOUISE

VIGÉE LE BRUN

———

Tout ce qui nous peint l'ancienne société française si aimable, et tout ce qui nous montre le
passage du dix-huitième au dix-neuvième siècle
est bienvenu. Ces sortes de documents sont pour
notre monde un extrait de naissance. On se dit,
après les avoir lus : voilà ce qu'était la France
et voici ce qu'elle est devenue. De ce genre sont
les Mémoires de madame Vigée Le Brun. Elle est
allée à la cour de Louis XVI et elle a reçu les personnages marquants de la cour de Louis-Philippe.
C'est une de nos grand'mères et nous avons droit
d'être fiers de son talent, de sa grâce, de son esprit, de son courage et de son bon cœur

Madame Vigée Le Brun mérite l'attention à plusieurs titres. Son talent, sa beauté, son esprit, lui créèrent dès le début une position unique. Le charme et la fécondité extraordinaires de son pinceau amenèrent chez elle, durant plus d'un demi-siècle, toute la haute société européenne, et lui attirèrent toutes sortes de distinctions et d'honneurs. Son principal mérite est d'avoir allié le bon goût au talent ; elle a su rester femme du monde en manifestant un talent et une énergie virils. Le courage dans le travail et la persévérance dans l'effort s'associent, chez elle, à la rectitude du jugement et à la simplicité des manières. Ses souvenirs remplis d'anecdotes piquantes abondent en détails curieux sur l'ancienne cour. On y voit tour à tour défiler Marie-Antoinette et madame Dubarry, les beautés du Directoire et celles de l'Empire. Mais on y sent une prédilection marquée pour cette ancienne société française dont sa jeunesse orna le déclin, et qui revit dans ses Mémoires. Ils peignent d'ailleurs un type achevé d'artiste et de Parisienne au dix-huitième siècle. Sans doute, il y a loin de là au mélange d'excentricité et de roideur qui constitue, de nos jours, ce que nous nommons la femme-artiste. L'artiste, chez madame Le Brun, complète la femme, et l'une n'est très-distinguée que parce que l'autre est très-aimable. Elle écrit comme elle peint, c'est-à-dire avec grâce et finesse, et ses portraits à la plume valent bien souvent ses portraits au pinceau. Le sien, esquissé d'après ces souvenirs, pourra servir à compléter la collection. Non pas qu'il soit capable d'effacer les autres, mais parce qu'entre tant de physionomies intéressantes ou remarquables, il présente le modèle d'un type disparu et qui ne saurait se renouveler.

I

Il ne saurait se renouveler parce qu'il porte l'empreinte du temps et fut en quelque sorte le miroir d'une époque. Cette époque, à la fois sérieuse et frivole, imprime sa marque aux intérieurs les plus bourgeois, communique son originalité et sa couleur aux gens les plus simples. Ses traces sont bien sensibles chez les parents d'Élisabeth-Louise Vigée. L'enfant, née à Paris en 1755, était fille du peintre Vigée, homme d'esprit et ex-

cellent miniaturiste. Il reconnut de bonne heure
en elle les preuves d'un talent futur et s'empressa
de la retirer aux religieuses chargées de l'instruire. A onze ans, elle quitta le couvent pour
rentrer dans la maison paternelle. M. et madame
Vigée se distinguaient par ce mélange de bonho-
mie et de finesse gauloises qui caractérisait nos
vieilles mœurs. La dame du logis, belle et sage,
a toutes les qualités requises pour une mère de
famille. Personne ne s'entend mieux à surveiller
ses enfants, à leur communiquer de bons principes. Sans doute elle aime tendrement sa fille ;
mais ses caresses s'adressent de préférence au
plus jeune, petit garçon joli comme un amour, et
partant très-gâté. La grande sœur, tout en aidant de son mieux à pervertir le chérubin, des-
sine d'après la bosse, partage son temps entre l'é-
tude de la peinture et la lecture de quelques ouvrages
de piété, seul genre de livres qui ne fût pas, jadis,
considéré comme pernicieux à la jeunesse. « Le
premier roman que j'ai lu, » dit-elle, « c'était
Clarisse Harlowe, qui m'a profondément inté-
ressée ; je ne l'ai lu qu'après mon mariage, jusque-là je ne lisais que des livres saints, la morale
des Pères entre autres, dont je ne me lassais point,

car *tout est là*, et quelques livres de classe de
mon frère. » Je reviendrai sur ce frère, qui écrivit
des comédies et obtint le titre d'académicien.
Quant à la sœur, les paroles qu'on vient de lire
annoncent des prétentions modestes et une instruction bornée. Les jeunes filles d'alors, élevées
dans des traditions plus bourgeoises, n'aspiraient
point, comme les nôtres, aux sensations fortes.
Leur curiosité moins précoce se contentait, en
apparence, à moins de frais ; néanmoins l'imagination n'y perdait rien. On lisait peut-être
moins, mais en revanche on regardait tout autant autour de soi, et l'on essayait de deviner où
il était défendu de s'instruire. La finesse naturelle de mademoiselle Vigée ne put que s'accroître
dans la société de son père, homme aimable, artiste plein de verve, mais sujet à des distractions
devenues proverbiales. Un jour, les voisins l'aper-
çoivent sortant de chez lui l'épée au côté, en tenue de gala, avec son bonnet de nuit sur la tête ;
une autre fois, chose plus grave, ils le surpren-
nent embrassant successivement toutes les jolies
grisettes qu'il rencontre. Sans manquer de talent, il avait surtout du goût et peignait de jolis
pastels. Son atelier servait de point de réunion à

plusieurs peintres connus, ses amis ou ses camarades : tous rendaient justice à la franchise de
ses allures et à la loyauté de son caractère. Il pé-
tillait d'esprit, au dire de sa fille, et personne ne
s'entendait mieux à égayer ses convives. Seul avec
sa fille, il l'aidait de ses conseils ou l'encourageait
de ses éloges. Malheureusement il mourut par accident, jeune et assez pauvre.

Madame Le Brun décrit en termes touchants la
fin de cet excellent père, mort pour avoir avalé
une arête. La jeune fille, privée de guide, in-
terrompit momentanément ses études; mais les
amis du défunt se chargèrent de les lui faire reprendre. Les conseils de Doyen, peintre d'histoire,
ceux du fameux peintre de marine, Joseph Vernet,
la mirent bientôt en état d'aider à l'entretien du
ménage. Pour se reposer ou se distraire, elle allait
au Louvre ou visitait, accompagnée de sa mère,
quelques cabinets d'amateurs où son goût se per-
fectionnait par la vue des plus beaux modèles :
« Dès que j'entrais », dit-elle, « dans une de
« ces riches galeries, on pouvait exactement
« me comparer à l'abeille, tant j'y récoltais
« de connaissances et de souvenirs utiles à
« mon art, tout en m'enivrant de jouissances

« dans la contemplation des grands maîtres. »

Elle travaillait avec une énergie et un courage rares, passant non-seulement ses journées, mais ses soirées à dessiner. Toutefois, le travail d'une enfant de quinze ans ne pouvait suffire à payer la pension du jeune frère, à nourrir et à habiller trois personnes. Madame Vigée, probablement séduite par la perspective de soulager sa fille, se remaria avec M. Le Sèvre, riche joaillier du Palais-Royal. Ce commerçant, qui passait pour un bonhomme, était un faux bonhomme. Il n'avait feint la générosité que pour gagner plus sûrement les bonnes grâces de la belle veuve. Une fois marié, il ne prit plus la peine de ménager les apparences. Ses habitudes parcimonieuses firent beaucoup souffrir la mère et la fille. Il dépouillait celle-ci de son argent et furetait à travers les armoires pour y découvrir les habits de feu M. Vigée, qu'il portait sans les faire arranger à sa taille. Comme la plupart de ses pareils, il joignait l'hypocrisie à l'avarice et feignait le père tendre en public afin d'être impunément en particulier le père despote. Se sachant peu aimable, il se montrait jaloux, et abusait de ses droits de chef de famille. Les pauvres femmes placées sous son autorité n'avaient guère à se louer de lui. Il s'irritait de ce qu'on les trouvait belles.

Un jour, voulant les soustraire aux regards des passants, il s'avisa de leur interdire les promenades publiques. En revanche, il déclara qu'il venait de louer une campagne où l'on irait s'installer du samedi au lundi. Mademoiselle Vigée, reléguée dans une alcôve fort sombre, s'imagina qu'elle allait enfin respirer le bon air. Mais sa joie dura peu. L'asile champêtre, situé à Chaillot, consistait en une bicoque entourée d'un terrain aride. Le passage suivant, adressé à une amie, témoigne clairement du désappointement de la jeune fille : « Figurez-vous, dit-elle, un très-« petit jardin de curé ; point d'arbres, point « d'autre abri contre le soleil qu'un petit berceau « où mon beau-père avait planté des haricots « et des capucines qui ne poussaient pas. Encore « n'avions-nous que le quart de ce charmant jar-« din, il était séparé en quatre parties par de petits « bâtons, et les trois autres étaient louées à des « garçons de boutique qui, tous les dimanches, « venaient s'amuser à tirer des coups de fusil « sur les oiseaux. Ce bruit perpétuel me mettait « dans un état de désespoir, outre que j'avais

« une peur affreuse d'être tuée par ces maladroits,
« tant ils visaient de travers ! »

L'enfant échappait aux petites misères du foyer
par l'amour et la nécessité du travail. Parfois,
prenant sa situation en pitié, de vieux amis l'en-
levaient à ses parents pour quelques heures. On
la menait à Versailles, on lui montrait ces beaux
jardins de Trianon et de Marly où plus d'une fois
elle put apercevoir la reine, entourée de ses dames
vêtues de blanc, et majestueuse comme une
déesse à la tête d'une troupe de nymphes. Mademoiselle Vigée puisait d'autres consolations dans
le sentiment de sa beauté naissante et dans son
affection pour mademoiselle Bocquet, nièce du
peintre Joseph Vernet, et qui devait être l'une des
premières victimes de la Terreur. Les deux mignonnes créatures, charmantes l'une et l'autre,
étaient voisines, et tous les matins on les voyait
quitter ensemble la rue de Cléry, où elles demeu-
raient, pour s'acheminer vers l'atelier de leur
professeur, situé au Louvre. Ce professeur était
Briard, peintre médiocre, mais bon dessinateur, et
l'auteur de plusieurs plafonds remarquables. « Pour
« dessiner plus longtemps, dit madame Le Brun,
« nous apportions chacune notre petit dîner dans

« un panier que nous portait la bonne. Je me rap-
« pelle encore que nous nous régalions en achetant
« au concierge d'une des portes du Louvre des
« morceaux de bœuf à la mode, si excellents que
« je n'ai jamais rien mangé d'aussi bon. » Joli
tableau, n'est-il pas vrai? surtout si on se le représente pourvu de ces mille détails coquets qui
frappent dans les peintures et les estampes du
dix-huitième siècle. Les costumes courts, les ju-
pons retroussés des deux fillettes font bien sur le
pavé boueux des vieilles rues sombres : sur leurs
lèvres un sourire, un chuchotement étouffé, et
vous devinez le flâneur dissimulé dans l'ombre
qui les suit du regard, maudissant le visage ren-
frogné de l'Argus préposé à leur garde. Sans
doute les quinze ans des petites gourmandes en-
traient pour quelque chose dans l'assaisonnement
d'un festin composé d'une tranche de bœuf; mais
l'air du temps contribuait, lui aussi, à le faire paraître meilleur. Outre la joie de réussir et l'avantage de se sentir belles, elles vivaient à une époque
où tout s'accordait pour rendre la vie moins sérieuse et les plaisirs plus faciles. Comptez d'abord
la multiplicité des promenades et des divertisse-
ments publics. Paris était plus petite ville; on

s'amusait à domicile, ou, pour trouver la gaieté, il suffisait de faire cent pas ; les Parisiens, privés de chemins de fer, affluent aux Tuileries et sous les ombrages du Palais-Royal. D'autre part, le boulevard du Temple, égayé par les cris des bateleurs et la présence des spectacles forains, offre l'aspect bruyant d'une *kermesse* hollandaise. Le sérieux s'y mêle au grotesque, et la fantaisie à la caricature. Là, Arlequin administre des taloches à Pierrot ; plus loin, le bavardage d'un charlatan fait taire les gasconnades de Polichinelle ; ici les yeux s'arrêtent sur un théâtre de marionnettes italiennes ; là, les regards se portent sur les visages fardés des douairières du Marais, — celles-là mêmes qui, assises sur des chaises et roides comme des poupées de bois, regardent dédaigneusement défiler les promeneuses privées, en leur qualité de roturières, du droit de mettre du rouge. Les gens à la mode, les courtisanes célèbres, fréquentent plus volontiers deux établissements payants, sortes de cafés-concerts pourvus de jardins, et dont l'un, appelé le Colisée, contient un lac destiné aux promenades nautiques. La sévérité puritaine qui plus tard préside à l'éducation des jeunes filles n'a point encore envahi les familles.

Avec des habitudes plus primitives on respecte moins les apparences, et tels parents qui viennent de conduire leurs enfants à la messe ne craignent pas, après Vêpres, de les faire assister à des scènes joyeuses. Nous sommes au Palais-Royal où M. et madame Le Sèvre viennent, l'office achevé, faire un tour avec leur fille. « A cette « époque (c'est-à-dire vers 1772), le jardin était « infiniment plus vaste et plus beau qu'il ne l'est « maintenant, étouffé et rétréci par les maisons « qui l'environnent de toutes parts. Il y avait à « gauche une très-large et très-longue allée, « couverte d'arbres énormes, qui formaient une « voûte impénétrable au soleil. Là se réunissait « la bonne compagnie, en fort grande parure. « Quant à la mauvaise, elle se réfugiait plus loin, « sous les quinconces. L'Opéra était alors tout à « côté; il tenait au palais. Dans les jours d'été, « ce spectacle finissait à huit heures et demie, « et toutes les personnes élégantes sortaient, « même avant la fin, pour se promener dans le « jardin. Il était de mode alors que les femmes « portassent de fort gros bouquets, ce qui, joint « aux poudres odoriférantes dont chacune parfu- « mait ses cheveux, embaumait véritablement

« l'air. Plus tard, mais pourtant avant la révolu-
« tion, j'ai vu ces soirées se prolonger jusqu'à
« deux heures du matin. On y faisait de la mu-
« sique au clair de la lune, en plein air. Des ar-
« tistes, des amateurs, entre autres Garat et
« Azévédo, y chantaient. On y jouait de la harpe
« et de la guitare; le fameux Saint-Georges y
« jouait souvent du violon: la foule s'y por-
« tait. C'est là que j'ai vu pour la première
« fois l'élégante et jolie mademoiselle Duthé, qui
« se promenait avec d'autres filles entretenues;
« car jamais alors aucun homme ne se montrait
« avec ces demoiselles, et, s'il les rejoignait au
« spectacle, c'était toujours en loge grillée. »

II

Trait caractéristique, ce me semble, et bien
digne d'une société où le libertinage le plus ef-
fréné subsiste mêlé au respect des convenances
les plus délicates. La corruption y marche de pair
avec les sentiments les plus chevaleresques, et les
viveurs les plus connus s'inclinent volontiers devant le mérite honnête. Le marquis de Genlis,

qui affichait ouvertement son mépris pour les
femmes, n'osait parler légèrement de mademoiselle Vigée. « Pour celle-ci il n'y a rien à en dire, »
disait-il au duc d'Orléans, son compagnon de dé-
bauche, un jour où la jeune fille sortait d'un concert avec sa mère. Quoi qu'il en fût de la licence
des mœurs, une femme artiste, en ce temps, pouvait acquérir de la célébrité sans se vendre, ni
même sans se donner. La sagesse, on le vit par
mademoiselle Vigée, n'empêchait point le succès,
et maints viveurs se rangeaient volontiers au
nombre de ses admirateurs sans songer à manifester des prétentions indiscrètes. La jeune fille
venait d'atteindre seize ans quand le portrait de
sa mère, admis à l'exposition de peinture, lui valut les suffrages de tous les connaisseurs. La duchesse de Chartres, belle-sœur du duc d'Orléans, les comtes Orloff et Schouwaloff, chambel-
lans de l'impératrice Catherine, ne tardèrent pas
à lui faire des commandes. La protection de ces
grands personnages lui attira la considération générale ; son atelier ne désemplissait pas de visiteurs : elle y reçut tour à tour les personnes les
plus haut placées et les plus célèbres, entre autres
madame Geoffrin, sorte de fée Carabosse qui te-

naît sa cour au Marais et rendait des oracles saupoudrés de tabac à priser. Mademoiselle Vigée allait aussi dans le monde, particulièrement chez le sculpteur Lemoine, ami de Lekain, de Grétry, et chez cette spirituelle princesse de Rohan-Rochefort qui, parente du fameux cardinal, se plaisait à réunir les plus illustres débris de la Régence. Mademoiselle Vigée y dîna en compagnie de la princesse de Lorraine, alors fort à la mode, des ducs de Lauzun et de Choiseul. Elle sut également se concilier les bonnes grâces de l'Académie en lui offrant les portraits des académiciens Fleury et Labruyère ; ce don lui valut ses entrées aux séances de la docte assemblée, et une distinction peut-être plus flatteuse encore, la visite du philosophe d'Alembert, secrétaire perpétuel. En somme, on la comblait de prévenances, chose bien naturelle si l'on se souvient que cette future grande artiste possédait, avec le talent, la grâce des manières et le charme tout-puissant de la physionomie. Les lignes suivantes, tracées par M. J. Tripier Le Franc, son neveu par alliance, peignent une femme de cinquante ans et peuvent faire juger de ce qu'elle était à dix-huit. « Elle avait, dit-il, les cheveux blonds, la peau blanche et

« fine ; les yeux bleus vifs et spirituels ; le nez
« presque aquilin, un peu relevé du bout. La bou-
« che était fine et petite. Elle avait de belles dents ;
« le menton était bien proportionné. L'ovale de
« sa tête était fin, élégant et jeune. Le col était
« long, souple et joli. Elle était grande, bien faite,
« et son port était majestueux. Sa voix était douce
« et gracieuse, sa conversation agréable, bien-
« veillante et modeste. »

Sans doute sa beauté lui valait de nombreux
adorateurs, et, de son propre aveu, plus d'un
faisait faire son portrait pour trouver un prétexte
de déclarer ses sentiments. Mais leurs tentatives
venaient échouer contre l'honnêteté foncière de la
jeune artiste. Non-seulement son amour pour son
art la protégeait contre les galanteries vulgaires,
mais il lui enseignait le moyen de fuir le danger
sans s'aliéner les cœurs. Quelquefois elle usait de
malice et peignait son modèle à *regards perdus*,
attitude qui exige une certaine soumission et dé-
fend de fixer les yeux sur ceux du peintre. Or, si
par hasard le modèle faisait infraction çà et là à
la défense, l'autre aussitôt de faire les gros yeux,
et de gronder le soupirant. Celui-ci s'étonnait,
non sans motif, de la longueur du temps que l'ar-

tiste jugeait à propos de consacrer à l'organe de
la vue, mais ne pouvait refuser son respect à la
charmante fille qui savait repousser les prétentions
du galant sans blesser l'amour-propre du gentilhomme, et rester sage sans paraître prude.

Son talent remarquable, ses rares qualités en-
couragèrent les prétentions plus sérieuses d'un
homme fort capable de les apprécier, et qui l'ad-
mirait depuis longtemps. M. Le Brun, homme de
talent et arrière-neveu du fameux peintre, avait
alors abandonné la peinture pour le commerce de
tableaux rares. Il en possédait une galerie dans
la maison habitée par M. et madame Le Sèvre, et,
par sa situation financière, comme par ses façons
d'homme bien élevé, il semblait un parti fort
sortable. La jeune artiste, séduite par sa physionomie spirituelle, d'ailleurs pressée de s'affranchir d'une tutelle gênante, accepta l'offre de M. Le
Brun, et consentit même, sur sa prière, à tenir le
mariage secret pendant quelques semaines. Les
circonstances ne tardèrent point à l'en faire repentir. A peine mariée, des personnes qui igno-
raient l'inutilité de leur démarche essayèrent de
la détourner de ce mariage, lui représentant M. Le
Brun comme un homme d'habitudes prodigues et

de mœurs dissolues. La jeune femme s'efforça de
ne pas les croire, mais le mal était fait : le germe
de la défiance subsistait désormais dans son cœur,
et, loin de considérer son mari comme un ami
destiné à lui servir de protecteur, elle demeura
convaincu qu'il l'avait épousée par intérêt et dans
une intention basse. Ce soupçon, d'ailleurs injuste, la porta à mal interpréter des actions fort
innocentes, et à accuser son mari d'indélicatesse
quand il était tout au plus coupable d'étourderie.
Comme la plupart des artistes, il ne songeait
point à épargner et aimait surtout l'argent pour
les jouissances qu'il procure. Sans doute ses
écarts purent lui aliéner le cœur de sa femme;
mais quels que fussent ses torts, il ne cessa jamais
de lui rendre justice, et le prouva par l'empresse-
ment même qu'il mit à la défendre. D'ailleurs, ces
torts furent légers, si l'on en juge par les relations
bienveillantes qui succédèrent à l'intimité des
deux époux et même à leur séparation définitive.
En tout cas, M. Le Brun les racheta amplement
par les preuves d'estime et de confiance dont il
comblait sa femme. Il comprenait qu'en sa qualité d'artiste elle avait besoin d'indépendance, et
lui accordait toutes les libertés compatibles avec

l'honneur. Elle en profita pour satisfaire ses goûts d'esprit et s'entourer d'illustrations de tout genre. Son salon, ou plutôt la chambre qui en tenait lieu, ne tarda pas à devenir l'un des plus recherchés de l'époque. Le prestige qui s'attachait à sa personne amenait chez elle les personnes les plus distinguées de la ville et de la cour. On y causait, on y jouait la comédie devant des spectateurs indulgents et aimables. Les hôtes les plus habituels étaient le chevalier de Boufflers, l'abbé Delille. Les concerts étaient charmants, défrayés par les chanteurs et les instrumentistes les plus célèbres. On applaudissait tour à tour Garat et madame Todi, des airs de Glück et des airs de Piccini. Les solistes avaient nom Viotti, J.-B. Cramer. On y exécutait aussi les œuvres inédites de Grétry, Martini, Sacchini, qui étaient amis de la maison et tenaient le piano à tour de rôle. Je ne dis rien de la dame du logis, qui faisait fort bien sa partie dans un morceau d'ensemble, ni de sa jeune belle-sœur, fille du chargé d'affaires de Saxe, très-bonne musicienne. Ces soirées étaient généralement suivies d'un souper réservé à un petit nombre d'intimes. La maîtresse de la maison avait soin d'en exclure toute femme laide ou désagréable. Son indulgence n'allait pas jusqu'à se laisser imposer des gens médiocres et, même âgée, elle ne parvint jamais à se réconcilier avec la laideur insignifiante. Les flatteries là-dessus ne l'attendrissaient guère, et elle refusait impitoyablement tout candidat ennuyeux ou obscur. « Gardez vos paquets, » disait-elle à telles de ses connaissances qui s'ingéniaient à rendre des services à ses dépens. Madame Le Brun estimait à juste titre qu'un salon n'est pas un asile et que la charité chrétienne ne consiste pas à se laisser envahir. D'ailleurs elle était assez belle pour pouvoir se passer de repoussoir, et faisait preuve de goût en s'entourant de femmes dignes de soutenir les risques d'une comparaison dangereuse.

III

Les attraits plus substantiels de nos élégantes modernes ne rappellent guère les grâces diaphanes et les airs vaporeux de celles dont elles essayent de ressusciter les modes. Les costumes du temps, appropriés à des gens naïvement désœuvrés et

spirituellement égoïstes, convenaient aux physionomies de l'époque, fines et délicatement sen-
suelles. La douleur n'y marque guère, et les larmes
d'une héroïne de Marivaux, la tristesse empreinte
sur le visage d'une villageoise de Greuze, nous
touchent sans trop déranger leurs traits et toujours sans nuire à leur beauté. Leur habillement,
à la fois coquet et simple, répond à l'abandon
provoquant des attitudes, aux nonchalances étu-
diées du geste. Trait significatif : la robe parée du
temps a l'air d'un déshabillé, et d'un déshabillé
de théâtre. C'est que la vie, employée à nouer des
intrigues frivoles et à discuter des théories impra-
ticables, a désormais pour seul but le plaisir. De
là les berquinades, où l'on voit le satyre essayant
de se déguiser sous la peau du berger, ces féeries
improvisées où les femmes, revendiquant leurs
droits naturels, redeviennent, selon l'occasion,
nymphes ou amazones. Amazones sans montures,
bien entendu, chez qui la cravache n'est qu'un
prétexte pour châtier les téméraires. Ces héroïnes
d'un monde fantaisiste, aïeules écervelées d'une
génération âpre et révoltée, tiennent à la fois des
Rosalinde et des Bradamante. Les longs cheveux
roulés en cadogan ou tressés en nattes pendantes

dégagent des nuages de poudre ; les parfums s'é-
chappent par bouffées de la traîne de satin blanc
ou gris perle. On sent que la Régence a passé par
là. Ce bizarre mélange de grâce voluptueuse et
de crânerie juvénile frappe particulièrement dans
tel portrait de madame Le Brun, où le peintre, retra-
çant sa propre image, l'a pourvue de quelques-
uns des traits distinctifs de l'époque. Ce portrait,
fait lorsqu'elle avait vingt-cinq ans, surprend tout
d'abord par la singularité d'un effet de lumière.
Le rebord de la coiffure projette une ombre portée
sur la moitié du visage. La jeune artiste, s'inspi-
rant du souvenir d'une toile de Rubens, surnom-
mée *le Chapeau de paille*, s'est représentée debout, la palette à la main, un mantelet noir
négligemment jeté autour des épaules. Le déshabillé de soie puce, garni d'un tuyauté de linon,
découvre, selon la mode du temps, les blancheurs
nacrées du cou et du sein. Un chapeau de paille
d'une forme espagnole, enguirlandé de fleurs des
champs et pourvu d'un long panache grisâtre,
noie d'ombre le haut du plus délicieux visage. On
dirait une coiffure de bandit fantaisiste égarée
sur une tête de nymphe mutine. Une neige de
cheveux blond cendré frisotte autour de son ovale

rosé, le regard profond et limpide petille d'esprit à travers les transparences de l'ombre. Plus bas, en pleine lumière, se détache le fin ovale du menton et jaillit le sourire des lèvres, vermeilles comme une cerise.

Une nuance moindre de coquetterie savante, et l'on dirait le génie de la peinture se souriant à lui-même. N'oublions pas que le talent, ici, n'est qu'une conséquence du caractère. Non-seulement cette coquetterie lui enseigne à garder intacts ses priviléges de jolie femme, mais elle lui donne le goût nécessaire pour peindre d'autres femmes. Je viens de décrire une image sur toile : voici celle d'une grande-duchesse russe saisie au vol sous les ombrages d'un parc impérial. « M. d'Esterhazy « me donnait le bras, et nous traversions une al- « lée, lorsqu'à la fenêtre d'un rez-de-chaussée « j'aperçus une jeune personne qui arrosait un pot « d'œillets. Elle avait dix-sept ans au plus ; ses « traits étaient fins et réguliers, son ovale parfait. « Son beau teint n'était pas animé, mais il était « d'une pâleur tout à fait en harmonie avec l'expres- « sion de son visage, dont la douceur était angé- « lique. Ses cheveux blond cendré flottaient sur « son cou, sur son front. Elle était vêtue d'une

« tunique blanche, attachée par une ceinture
« nouée négligemment autour d'une taille fine et
« souple comme celle d'une nymphe. Telle que
« je viens de la dépeindre, cette jeune personne
« se détachait sur le fond de son appartement,
« orné de colonnes et drapé en gaze rose et argent
« d'une manière si ravissante que je m'écriai :
« C'est Psyché. »

En lisant cela, on est tenté de se dire que ceux-
là seuls qui ne prétendent point *écrire* écrivent
bien. L'académicien Lebrun, poëte officiel de la
famille régnante, en attendant qu'il devint le
chantre attitré du jacobinisme, imagina de louer
notre artiste en vers. Entre autres compliments, il
lui décerne pompeusement le brevet de *grand
homme*. C'est forcer la nuance, et par conséquent
se tromper. Madame Le Brun n'est point un phé-
nomène, mais simplement une femme de talent
et de goût ; son principal mérite est de n'avoir jamais dépassé ces limites. D'ailleurs il serait temps,
ce me semble, ne fût-ce que par bon ton et politesse, de laisser là le vieux préjugé qui fait dési-
gner comme *virile* toute œuvre simplement réus-
sie. Ce terme, dont on abuse un peu, ne saurait
s'appliquer qu'aux œuvres où l'artiste, ayant

triomphé des difficultés de son sujet, a déployé
une puissance de conception et d'exécution égales.
Le sexe n'y fait rien, c'est affaire d'intelligence
et de génie. Avec l'intelligence et le génie nécessaires pour produire des œuvres durables, madame Le Brun eut encore le goût qui règle l'imagination et l'empêche de se livrer à des écarts.
L'art exquis avec lequel elle *drape* ses modèles
entra pour beaucoup dans ses succès et fit de
quelques-uns de ses portraits de véritables chefs-
d'œuvre. Sans doute les mille fanfreluches qui
constituaient le costume des femmes devaient déplaire à un peintre habile dessinateur et élevé
dans le respect des belles lignes. Son pinceau,
sobre sans sécheresse, sut faire revivre l'élégance
antique à travers des œuvres modernes et accommoder la simplicité primitive des draperies grecques aux exigences de la mode. « On ne portait
« point encore de châles, dit-elle quelque part,
« mais je disposais de larges écharpes, légère-
« ment entrelacées autour du corps et sur les bras,
« avec lesquelles je tâchais d'imiter le beau style
« des draperies de Raphaël et du Dominiquin...
« Je ne pouvais, dit-elle ailleurs, souffrir la
« poudre. J'obtins de la belle duchesse de Gra-

« mont-Caderousse qu'elle n'en mettrait pas pour
« se faire peindre. Ses cheveux étaient d'un noir
« d'ébène; je les séparai sur le front, arrangés en
« boucles irrégulières. » La sûreté de son goût et
la certitude de son jugement lui révélaient immédiatement la pose la plus avantageuse. « Je m'at-
« tachais, dit-elle, à donner aux femmes que
« je peignais l'attitude et l'expression de leur phy-
« sionomie. Celles qui n'avaient point de physio-
« nomie, on en voit, je les peignais rêveuses et
« nonchalamment appuyées. » Ces mots suffisent
pour expliquer le charme durable de ses portraits
et la vogue qu'elle conserva pendant plus d'un
demi-siècle. Telle toile désignée sous le titre de
Jeune fille au manchon, telle autre représentant madame Le Brun les bras tendus vers son
enfant, ne frappent pas seulement par la finesse du
coloris et par la justesse du modelé, mais par une
vigueur d'exécution et une intensité de sentiment
rares. L'une et l'autre méritent de compter parmi les
échantillons les plus séduisants de ce talent aimable.
Ils représentent une phase intéressante de l'École
de peinture française, et, comme tels, font le plus
grand honneur aux Musées du Louvre et de Versailles, deux fois illustrés par le nom des Le Brun.

IV.

Sa promptitude d'exécution tenait du prodige, et la liste qu'elle a dressée de ses ouvrages ne comprend pas moins de six cents portraits, deux cents paysages et une quinzaine de tableaux historiques. Ce que j'ai vu de ses paysages ne décèle pas un sentiment bien passionné de la nature. Quant à ses tableaux historiques, ils me paraissent fort dignes d'orner les murs d'un salon ministériel. J'aime mieux m'arrêter devant ses portraits, si bien faits pour attirer les regards d'un psychologue et d'un artiste. La seule nomenclature des noms indiqués sur le catalogue frappe et intéresse. Ce ne sont que rois et reines, grands seigneurs ou grandes dames. Par-ci par-là un financier, un magistrat. Ou bien encore un musicien célèbre, comme Païsiello ; un grand poëte, comme lord Byron. De fait, ces ouvrages, dispersés dans les galeries d'amateurs, disséminés dans tous les pays de l'Europe, suffiraient à eux seuls pour composer un musée. On y verrait la collection la plus instructive de types français et étrangers, slaves, latins, germaniques. Ces types, pour la plupart aristocratiques et presque toujours féminins, portent l'empreinte des différents pays où madame Le Brun a vécu. Ses nombreux voyages, le commerce de tant de personnes distinguées ou illustres ont singulièrement contribué à l'originalité de son talent et à l'agrandissement de son œuvre. OEuvre d'autant plus remarquable qu'elle est plus complète et résume pour ainsi dire en traits visibles l'histoire psychologique de la femme du monde. Madame Le Brun s'entendait, comme tous les grands maîtres, à saisir le trait saillant d'une physionomie. Le visage humain, sous son pinceau, devenait l'expression même d'un caractère. Je dirai plus : elle pouvait, grâce à sa double qualité de femme et d'artiste, sortir passagèrement d'elle-même pour se mettre à la place d'une autre, imaginer à volonté les rêves d'une sylphide et les caprices d'une favorite. Je ne parlerai pas des grandes figures historiques, qui ne relèvent d'aucune loi générale et s'imposent d'emblée à l'imagination du peintre. Mais auprès de ces types exceptionnels, et pour ainsi dire uniques, il en était d'autres plus spécialement soumis à des conditions de nationalité et de race. Telle est la vaporeuse Allemande que madame Le Brun a représentée s'élançant dans les airs costumée en Iris, ou bien la pâle Polonaise qu'elle a peinte se dépouillant de son cachemire pour danser le pas du Schall. Figure de Harem, apparition éthérée, l'une et l'autre répondent aux besoins d'une civilisation particulière et d'un idéal différent. Mais si les traits diffèrent, ces divergences n'en reposent pas moins sur le même principe. Esclave ou déesse, reine ou bayadère, elles se rejoignent par là même qu'elles sont femmes, et c'est pourquoi madame Le Brun a si bien réussi à les peindre. J'aime moins, je l'avoue, ses portraits d'homme, où l'on sent un esprit moins pénétré de son sujet et par conséquent une touche moins sûre.

Madame Le Brun venait d'être nommée membre de l'Académie de peinture quand le tableau qui représente Marie-Antoinette entourée de ses enfants mit le sceau à sa réputation de peintre. Son respect pour l'infortunée princesse perce à travers le portrait qu'elle trace d'elle au retour d'une excursion à Fontainebleau. « J'y vis la reine « dans la plus grande parure, couverte de dia- « mants, et, comme un magnifique soleil l'éclai-

« rait, elle me parut véritablement éblouissante.
« Sa tête élevée sur son beau col grec lui donnait,
« en marchant, un air si imposant, si majestueux,
« que l'on croyait voir une déesse au milieu de
« ses nymphes. Pendant la première séance que
« j'eus de Sa Majesté, au retour de ce voyage, je
« me permis de lui parler de l'impression que
« j'avais reçue, et de dire à la reine combien l'é-
« lévation de sa tête ajoutait à la noblesse de son
« aspect. Elle me répondit d'un ton de plaisan-
« terie : — Si je n'étais pas reine, on dirait que
« j'ai l'air insolent, n'est-il pas vrai? » Ces lignes
suffisent pour indiquer la nuance de familiarité
aimable qui régnait entre la souveraine et l'artiste.

La reine, charmée de sa jolie voix, la retenait
souvent pour essayer un duo avec elle. Une autre
fois, elle se baissait pour ramasser le pinceau de
madame Le Brun, qui était enceinte. On ne tari-
rait point si l'on voulait citer les nombreuses marques d'intérêt qu'elle reçut du couple royal. Ces
succès si bien mérités ne manquèrent pas de lui
attirer l'envie. Une personne pénétrée de ce sentiment de respect involontaire que les natures distinguées ressentent pour tout artiste véritable

lui disait un jour : « Quand je vous regarde et
« que je songe à votre renommée, il me semble
« voir des rayons autour de votre tête. — Il y a
« bien, répondit-elle, quelques petits serpents
« dans ces rayons-là. » Les artistes médiocres la
jalousaient pour son talent, les femmes insignifiantes enviaient sa beauté. Ne pouvant attaquer
son talent, on attaquait sa réputation, et l'on se
vengeait de ses succès en décriant ses mœurs. Les
préjugés encore régnants à l'égard de la femme-
artiste justifiaient en quelque sorte ces propos
aigres ; on affecta de croire qu'elle ne pouvait obtenir la célébrité qu'au prix de son honneur, et
que l'estime des grands seigneurs se mesurait à
la légèreté de sa conduite. Le moindre fait donnait lieu à des interprétations odieuses. La chambre tapissée de toile de Jouy qui, faute de salon,
servait aux réunions du soir, devint une suite
d'appartements somptueux et l'on parla de *lam-
bris dorés* quand les invités, le plus souvent,
manquaient de siéges. De même les modestes
soupers que l'aimable femme offrait à quelques
amis privilégiés se transformèrent en orgies gran-
dioses. Une petite fête improvisée, où douze invités costumés à la grecque goûtèrent un brouet

spartiate en écoutant déclamer une ode de Pin-
dare fut traitée de saturnale infâme, et un menu
de quinze francs passa pour en avoir coûté quinze
mille. Ce n'est pas tout : on l'accusa d'allumer
avec des billets de banque un feu de bois de san-
tal, et finalement de piller les caisses de l'État de
concert avec M. de Calonne. Le plus piquant de
l'affaire est que ce ministre fameux par ses dépré-
dations lui avait fort mal payé son portrait;
d'ailleurs comment supposer qu'une femme éprise
du pittoresque pût se laisser séduire par un homme
portant « une perruque fiscale ? » Ce dernier trait
ajoute à l'indignation de madame Le Brun envers
ses calomniateurs. L'offense, cette fois, dépasse
toute mesure, et la facilité avec laquelle le public
accueille des bruits blessants pour son amour-
propre lui paraît un signe irrécusable de décadence.
Elle ne se piquait point d'héroïsme, et estima la
France perdue le jour où les hommes, dérogeant à
leurs anciennes coutumes, ne s'occupèrent plus uniquement de galanterie. Sans doute les idées qui
commençaient à s'introduire devaient paraître dan-
gereuses à des personnes habituées à voir le droit
dans la légitimité, la justice dans la stricte obser-
vance des préjugés hiérarchiques. Elles devaient

surtout surprendre les gens indifférents, par tem-
pérament comme par état, aux questions d'intérêt
général. Le commerce des belles choses épure le
goût, mais refroidit les sentiments, et l'on ne
saurait s'étonner si, toujours en contact avec des
personnes prévenues contre l'esprit d'innovation,
madame Le Brun voyait s'ouvrir un gouffre où la
plus noble de ses contemporaines voyait poindre
une aurore. Madame Roland, bourgeoise d'aptitudes comme de naissance, avait cette largeur
d'idées et cette instruction supérieure qui procè-
dent de la lecture des grands auteurs et du commerce des grands esprits. Madame Le Brun, renfermée dans un cercle exclusivement aristocra-
tique, ne voyait rien au delà de l'élégant et du
joli. La distance qui sépare l'une de l'autre est
celle-là même qui sépare les républiques d'Athènes
et de Sparte. L'une n'éprouve que du dédain pour
un État uniquement préoccupé d'étiquette, l'autre
repousse de toutes ses forces les théories peu
riantes qui placent le bien dans l'accomplissement
du devoir et le but de la vie dans l'exercice de la
justice.

Le fait est que si le goût est affaire de culture,
la générosité est question d'éducation et de prin-

cipes. On peut d'ailleurs être très-bon sans se
préoccuper des grandes vérités, comme se montrer
très-vil en exprimant les théories les plus généreuses. Avec les sophistes qui font le mal sciem-
ment et les raffinés qui pèchent par insouciance,
on ne saurait omettre les ignorants qui décident
des questions d'intérêt général d'après leurs vues
bornées et pensent réparer l'injustice par le ren-
versement de l'ordre. Pour être plus excusables,
ils n'en sont pas moins dangereux, et le prouvent
par leur ressentiment aveugle envers toute personne mieux douée et plus riche. Madame Le
Brun éprouva les effets de leur haine : on lui en
voulut de posséder la faveur de la famille royale,
d'avoir pignon sur rue. Un matin, ses voisins la
prévinrent qu'elle n'était plus en sûreté chez elle.
Elle eut peur, et, emmenant sa fille encore au berceau, alla se réfugier à l'hôtel des Invalides, où
l'architecte Brongniart lui offrait un asile. Elle
n'en demeurait pas moins menacée, et le passage
suivant, extrait de ses souvenirs, témoigne des
dangers alors suspendus sur la tête des Parisiens :
« Madame Brongniart me menait promener der-
« rière les Invalides ; il y avait tout près de là
« quelques maisons d'ouvriers. Comme nous étions

« assises contre une de ces masures, nous enten-
« dîmes causer entre eux deux hommes qui ne
« pouvaient nous voir. — Veux-tu gagner dix
« francs? disait l'un. — Viens avec nous faire du
« train. Il ne s'agit que de crier : A bas celui-ci,
« à bas celui-là ! et surtout de crier bien fort contre
« *Cayonne* (M. de Calonne). — Dix francs sont
« bons à gagner, répondait l'autre, mais n'au-
« rons-nous pas des taloches? — Allons donc,
« reprit le premier, c'est nous qui les donnons, les
« taloches. »

V

Des scènes analogues la chassèrent bientôt de
Louveciennes, séjour de madame Dubarry. L'ancienne favorite, devenue l'amie de M. de Brissac,
se faisait peindre par madame Le Brun, quand on
lui conseilla de fuir. Elle partit pour l'Angleterre,
emportant la bagatelle de six millions, tandis que
madame Le Brun, déguisée en ouvrière, partait
pour l'Italie, munie d'une somme de soixante-
quinze louis. Je glisse sur les incidents d'un

voyage compliqué par la présence d'un petit enfant et par de fréquents embarras pécuniaires.
Elle se remit bientôt de ses angoisses passées en
se voyant l'objet de mille prévenances, gagnant
de l'argent à souhait, recherchée, choyée par
tous, demandant tour à tour des inspirations aux
plus beaux sites, des conseils aux plus rares chefs-
d'œuvre. Circonstance bizarre : elle les goûte en
femme du monde consommée plutôt qu'en grande
artiste, et ne trouve rien de bien nouveau à dire
sur le compte du pays qu'elle visite.

Mais si elle ne réussit guère à rendre l'effet
d'une peinture vénitienne ou la couleur d'un
paysage méridional, elle excelle dans l'esquisse
des ridicules. Ses récits fourmillent d'anecdotes
fines et de portraits satiriques. Voici tout d'abord
celui du mari de madame Denis, nièce de Voltaire ; un M. Duvivier, personnage prétentieux et
incommode, qui voyage accompagné d'une marmite pour cuire le bœuf, se récrie sur la malpro-
preté des moutons italiens, et finalement exerce
la spécialité d'étourdir et d'ennuyer tout le monde.
Il y a loin de là à la duchesse de Fleury, grande
dame émigrée et digne par son audace de vivre
sous la régence, la même qui plus tard, lorsque

l'empereur Napoléon lui demanda si *elle aimait toujours les hommes*, répondit sans hésiter, *qu'elle les aimait toujours quand ils étaient
polis*. Je citerai encore telle page sur lady Ha-
milton, aventurière célèbre, qui d'abord servante
d'auberge, modèle d'atelier, puis *sujet* chez un
médecin qui se faisait des rentes en la montrant
nue, devint la maîtresse attitrée d'un grand sei-
gneur qui la céda à son oncle en échange du paye-
ment de ses dettes, épousa ce même oncle, sut
se faire aimer de lord Nelson et gagner le cœur
d'une reine. D'autres passages contiennent de curieux renseignements sur Venise, où madame
Le Brun rencontre un compatriote. « M. Denon
« me présenta à son amie, madame Marini, qui
« depuis a épousé le comte Albridji. Elle était ai-
« mable et spirituelle. Le soir même, elle me pro-
« posa de me mener au café, ce qui me surprit
« un peu, ne connaissant pas l'usage du pays ;
« mais je le fus bien davantage quand elle me dit :
« — Est-ce que vous n'avez pas d'ami qui vous
« accompagne ? Je répondis que j'étais venue
« seule avec ma fille et sa gouvernante. — Eh
« bien ! reprit-elle, il faut au moins que vous ayez
« l'air d'avoir quelqu'un ; je vais vous céder

« M. Denon, qui vous donnera le bras, et moi, je
« prendrai le bras d'une autre personne ; on me
« croira brouillée avec lui, et ce sera pour tout le
« temps que vous séjournerez ici ; car vous ne
« pouvez pas aller sans un ami. »

Madame Le Brun accepta volontiers un servi-
teur d'autant plus précieux qu'il ne réclamait
point d'honoraires. Elle se disposait à rentrer
en France, quand de mauvaises nouvelles la dé-
cidèrent à prolonger son absence. La fuite de la
famille royale, son arrestation à Varennes, faisaient prévoir de tristes événements ; d'autre
part, des milliers de Français émigrés encom-
braient le pavé des villes italiennes, trop pauvres
pour les nourrir. Madame Le Brun ne voulut pas
s'exposer inutilement au danger. Elle renonça à
ses projets, se dirigeant, cette fois, vers la capi-
tale de l'Autriche. Elle resta deux ans à Vienne,
où elle connut le peintre Casanova, et ce fameux
prince de Kaunitz, l'ami et le conseiller de Marie-
Thérèse. Le prince, plus qu'octogénaire, invitait
souvent madame Le Brun à dîner, et l'appelait
paternellement sa « bonne amie. » Ces dîners
étaient égayés par la verve de Casanova, Vénitien
de naissance et Parisien par l'éducation. « Il avait,

« dit madame Le Brun, la repartie prompte et
« heureuse. Un jour que nous dînions chez le
« prince de Kaunitz, la conversation roulant sur
« la peinture, on parla de Rubens, et quand on
« eut fait l'éloge de son immense talent, quelqu'un
« dit que son instruction, qui était aussi prodi-
« gieuse, l'avait fait nommer ambassadeur. A ces
« mots, une vieille baronne allemande prend la
« parole et dit : — Comment ! un peintre ambas-
« sadeur ! c'est sans doute un ambassadeur qui
« s'amusait à peindre. — Non, madame, répond
« Casanova, c'est un peintre qui s'amusait à être
« ambassadeur. » Au reste madame Le Brun
n'avait qu'à se louer des dames viennoises. Elles
lui plurent par la bonté de leur cœur comme par
l'activité de leur zèle charitable. Celles du meilleur monde travaillaient habituellement pour les
pauvres, et, pour gagner du temps, emportaient
leur tricot au concert ou au théâtre. « Tout d'a-
« bord, ajoute madame Le Brun, je trouvais cela
« fort étrange ; mais quand on m'eut dit que ces
« bas étaient pour les pauvres, j'ai pris plaisir,
« depuis, à voir les plus jeunes et les plus jolies
« femmes travailler ainsi, d'autant plus qu'elles
« tricotent tout en s'occupant d'autre chose, sans

« regarder leur ouvrage et avec une vitesse pro-
« digieuse. » On aime, en pareille circonstance,
à la voir imposer silence à ses vieilles habitudes
de causticité française ; elle sait, quoique Parisienne, rendre justice au mérite modeste ; mais si
elle a quelque estime pour les Allemands, en revanche elle ne goûte guère leurs plaisanteries.
Celle-ci, faite à propos du portrait de la princesse
Lichtenstein, caractérise bien l'esprit du cru.
Madame Le Brun venait de peindre la jeune femme
costumée en Iris, s'élançant dans les airs. Naturellement elle ne portait point de bas sur son portrait, chose qui déplut à la famille. Mais le prince,
homme d'imagination, trouva moyen d'apaiser le
scandale en plaçant sous le portrait une jolie petite paire de souliers, qui, disait-il aux grands
parents, venaient de s'échapper et de tomber à
terre.

Toutes ces remarques sont fines, délicates,
agréables. En somme, madame Le Brun profite
de ses voyages et remplace avec avantage l'é-
tude du paysage méridional, qu'elle sent médio-
crement, par celle de la physionomie humaine,
qu'elle excelle à dépeindre. Le fait est qu'elle est
trop civilisée, disons-le, trop peu passionnée, pour

sentir l'espèce de beauté primitive qui caractérise les sites méridionaux : ses goûts délicats et ses fines aptitudes de femme du monde s'accommodent mal de cet excès de splendeur; elle décrira mieux l'effet gracieux d'un paysage septentrional, les bois de la Courlande, par exemple, qu'elle traverse pour se rendre en Russie. Je dirai plus : elle retrouve le sentiment de l'antique à mesure qu'elle s'éloigne davantage de ce qu'on est convenu d'appeler *la terre classique des arts.* « Ces
« magnifiques forêts de vieux chênes, d'énormes
« sapins ou d'aulniers, dont les troncs blanchâtres
« se détachent si bien sur leur feuillage qui res-
« semble à celui du saule pleureur, ces beaux lacs,
« ces charmantes collines, ces jolis vallons, mon
« imagination calme et heureuse les animait de
« mille images riantes et poétiques. Dans les bois,
« je voyais Diane suivie de son cortége ; dans les
« prairies, des danses de bergers et de ber-
« gères, telles que j'en avais vu à Rome sur les
« bas-reliefs. »

Elle s'acheminait vers la Russie, pays hospitalier aux jolies femmes, et qui ne marchande point ses libéralités aux grands artistes. Madame Le Brun crut retrouver des compatriotes parmi les mem-

bres de cette société choisie où la langue française est usuelle, et l'urbanité héréditaire. Des
jugements moins étroits, des habitudes plus magnifiques, par-dessus tout l'absence totale de
morgue nobiliaire l'obligèrent néanmoins à reconnaître un monde différent ; elle ne tarda point à
s'y sentir à l'aise, et demeura tout d'abord sous
le charme de cette élégance native qui, chez les
peuples slaves, s'allie si bien aux grandes manières.
Avant tout elle apprécia cette affabilité de bon
goût qui caractérise l'abord des grands seigneurs
russes, et leur permet de faire leurs preuves sans
déployer leurs parchemins. Le prince Stanislas
Poniatowski, roi de Pologne, les comtes de Co-
bentzel et Strogonoff, seigneurs très-distingués et
fort riches, comptaient parmi ses amis et ses admirateurs. Elle était liée avec les princesses Baria-
tinski, Dolgorouki, Kourakin, grandes dames qui
réunissaient la beauté du type oriental à la vivacité des femmes d'Europe, et comptaient parmi
les plus séduisantes de la cour. Madame Le Brun
allait souvent les visiter à la campagne, où sa présence donnait lieu à maint charmant divertisse-
ment : on se promenait sur l'eau dans des barques
ornées de rideaux de velours cramoisi à crépines

d'or, on organisait des tableaux vivants destinés
à rappeler les chefs-d'œuvre de la peinture moderne. L'image des charmantes femmes qui
l'avaient aimée et accueillie demeura gravée dans
la mémoire de madame Le Brun, moins toutefois
que l'imposante figure de leur souveraine. La mort
surprit la czarine comme madame Le Brun allait
la peindre ; elle loua cette grande princesse qui
sut se faire également adorer de ses courtisans et
de son peuple et ne rencontra de détracteurs que
parmi les personnes incapables de l'apprécier.
« Cette femme, dit-elle, dont la puissance était si
« grande, était, dans son intérieur, la plus simple
« et la moins exigeante des femmes. Elle se levait
« à cinq heures du matin, allumait son feu, puis
« faisait son café elle-même. On raconte même
« qu'un jour, ayant allumé ce feu sans savoir
« qu'un ramoneur venait de monter dans la che-
« minée, le ramoneur se prit à jurer après elle et
« à la gratifier des plus grosses invectives, croyant
« s'adresser à un feutier. L'impératrice se hâta
« d'éteindre, non sans rire beaucoup de s'être en-
« tendu traiter ainsi. » Madame Le Brun ne déguise point ses sympathies pour un pays où la
barbarie même a sa grandeur, et trace un portrait

fort réussi de ce fameux Potemkin qui, comblé
de richesses et de faveurs, joignait la galanterie
d'un Européen à la magnificence d'un Persan et
fêtait le jour de naissance de l'impératrice par des
festins où les dames recevaient des diamants par
pleines cuillerées au dessert. J'épargnerai au lecteur les sinistres détails des conspirations de palais
et du meurtre de l'empereur Paul 1er. En revanche,
je ne saurais omettre telle page destinée à décrire
les habitudes fastueuses d'un grand personnage
russe, voisin de campagne de madame Le Brun,
et possesseur d'un palais sur les bords de la Néva.
« Il s'y trouvait, dit-elle, une salle de bain éclai-
« rée par en haut, et dans le milieu de laquelle
« était une cuve assez grande pour contenir une
« douzaine de personnes. On descendait dans l'eau
« par quelques marches ; le linge qui servait à
« s'essuyer était posé sur la balustrade en or qui
« entourait la cuve, et ce linge consistait en de
« grands morceaux de mousseline de l'Inde bro-
« dée en bas de fleurs et d'or, afin que la pesan-
« teur de cette bordure pût fixer la mousseline sur
« les chairs, ce qui me parut une recherche pleine
« de magnificence. Autour de cette salle régnait
« un large divan, sur lequel on pouvait s'étendre

« et se reposer après le bain, outre qu'une des
« portes ouvrait sur un charmant petit boudoir.
« Ce boudoir donnait sur un parterre de fleurs
« odoriférantes, et quelques tiges montaient
« jusqu'à la fenêtre. C'est dans ce boudoir que
« le général nous donna un déjeuner en fruits,
« en fromage à la crème, et en excellent café
« moka, qui régala beaucoup ma fille. Il nous
« invita une autre fois à un très-bon dîner, et le
« fit servir sous une belle tente turque qu'il avait
« rapportée de ses voyages. On avait dressé cette
« tente sur la pelouse fleurie qui faisait face à la
« maison. Nous étions une douzaine de person-
« nes, toutes assises sur de magnifiques divans
« qui entouraient la table : on nous servit une
« quantité de fruits parfaits au dessert; ce dîner
« fut tout à fait asiatique, et la manière dont le
« général nous reçut tous donna encore plus de
« prix à ces bonnes choses. J'aurais seulement
« désiré qu'on ne tirât point tout près de nous
« des coups de canon, au moment où nous nous
« mettions à table; mais on m'a dit que c'était
« l'usage chez tous les généraux d'armée. »

Je regrette de ne pouvoir suivre madame Le Brun
à travers les différents épisodes politiques qui si-

gnalèrent son séjour en Russie, ni m'arrêter à des
traits de mœurs d'autant plus instructifs qu'ils
semblent plus bizarres. Outre les profits pécuniaires qu'elle dût à ce séjour, elle en retira ce fonds
d'instruction profonde qui procède de l'expérience
et ne s'acquiert point par les lectures. Sans doute,
la médaille avait son revers : le calme de sa vie
privée fut troublé souvent par des manœuvres indiscrètes, et même perfides. Une sorte d'intrigue
s'ourdit à propos du mariage de sa fille; on voulait
s'emparer de l'esprit de la jeune personne pour
lui faire épouser un homme dénué de fortune et de
talent. Cet homme était le secrétaire du comte Z.,
qui imagina de le marier à mademoiselle Le Brun,
pour le récompenser de ses services. On comptait
sur l'argent gagné par la mère pour doter la fille.
Celle-ci, à peine âgée de dix-sept ans et fort
étourdie, donna dans le piége avec une facilité
inquiétante pour l'avenir. Elle se déclara prête à
mourir de chagrin si on ne la mariait avec M. Nigris;
si le personnage était à peu près nul, il avait la
figure romanesque. Madame Le Brun, pressée de
toutes parts, ne voulut point avoir à se reprocher
le malheur de son unique enfant. Elle donna donc
son consentement, espérant que la jeune femme

se montrerait reconnaissante de ce sacrifice. Il n'en fut rien, et, mariée depuis quinze jours, elle ne craignait point de se montrer lasse de son mari. Une houppelande fourrée dont ce malheureux, en véritable barbare, avait eu la sottise de s'affubler un jour de rhume, lui avait valu les mépris de sa femme. Cette houppelande, certes, était sœur de la perruque de M. de Calonne. On n'est pas impunément ridicule aux yeux d'une Française, surtout lorsqu'elle a pour mère madame Le Brun.

VI

Un message de mort ne tarda pas à la mettre en grand deuil. Madame Le Sèvre, sa mère, venait de mourir assez subitement, à Neuilly. Cette nouvelle accéléra son départ pour Paris, où elle souhaitait revenir. Elle y rentra en 1801, c'est-à-dire douze ans après l'avoir quitté. Elle n'en sentit que mieux le contraste des usages nouveaux et des anciennes mœurs. Les modifications de l'esprit public avaient rejailli sur les habitudes, et de là sur les modes. Le faux goût solennel et l'imitation maladroite du style grec et romain perçaient à travers la coupe de l'habit et la forme de l'ameublement : de froides draperies recouvraient les murs ornés de pastorales riantes. On protestait contre les corruptions monarchiques en s'asseyant sur des siéges d'édile, contre les mollesses de l'habit de velours par les austérités de la redingote de drap. Des culottes de nankin collantes, une haute cravate roide, complétaient ce costume disgracieux, et transformaient la plupart des hommes, soit en épiciers endimanchés, soit en maquignons en tenue de ville. Ce qui ne les empêchait point de débiter des fadeurs plates, et de déserter le salon de l'honnête femme qui venait de leur offrir à dîner, pour le boudoir d'une donzelle dont ils s'affichaient ouvertement les attentifs. Plus de madrigaux ni d'attentions respectueuses. Les équivoques indécentes remplaçaient les allusions fines ; le joli badinage, prélude des fantaisies passagères, semblait relégué sur le sol lointain de l'idylle. On ne se laissait plus attarder aux jolis mots, aux délicatesses, aux bagatelles, et l'on allait droit au fait. En somme, les passions brutales avaient détrôné la galanterie fine ; les hommes, détournés par le soin des affaires, négligeaient le culte de la femme ; en revanche ils s'éprenaient des phrases ronflantes, se montraient

les partisans de la vulgarité emphatique. Quel
crève-cœur pour cette femme artiste habituée au
langage des Boufflers et des Lauzun ! Madame
Le Brun se croyait sous l'empire d'un mauvais
rêve. Des déceptions plus douloureuses l'atten-
daient à sa rentrée dans ce qui constituait alors le
le monde. La faux du temps, le couperet de la
guillotine, en avaient abattu les ornements les
plus précieux, et dévasté les salons jadis consa-
crés à la causerie aimable. Chagrin plus cuisant,
la liste des défections venait se joindre à celle des
martyrs ; il fallait faire la part des faiblesses humaines, s'efforcer de se montrer équitable envers
ceux qui, dévoués jadis à une autre cause, ju-
geaient leurs talents trop utiles pour les en-
fouir, et ne croyaient pas devoir immoler leur
fortune à leur foi politique. Madame Le Brun,
en femme véritablement supérieure , accepta
sans murmurer ces grands enseignements. Elle
continuait, comme par le passé, à prendre note
de chaque fait intéressant ou remarquable.
Tout d'abord elle témoigna quelque surprise
à propos d'une coutume qui, faisant deux camps
d'un salon, plaçait les hommes d'une part,
les femmes de l'autre. D'autres observations très-

fines portent sur le manque d'éducation première et les façons de parvenus qui caractérisent les étoiles de toute nouvelle cour.

On ne pouvait demander à madame Lebrun des sympathies bien vives pour des femmes qui, placées par hasard à côté d'elle, regardaient attentivement ses bracelets, et dédaignaient de lui adresser la parole ; néanmoins, elle rendait justice aux femmes mieux inspirées, et surtout mieux élevées, qui unissaient la science du monde à celle du cœur et s'entendaient, comme l'aimable Joséphine, à faire taire les passions politiques. Je ne sais si j'ai dit que madame Le Brun, revenue de Russie, était descendue dans son hôtel de la rue du Gros-Chenet. Son mari lui avait fait meubler un appartement décoré selon la mode du temps, et elle essaya comme autrefois de recevoir. Elle donna des bals où l'on put applaudir les entrechats de Trénitz, le fameux danseur ; elle organisa des représentations théâtrales où l'on joua les comédies de son frère, l'académicien Vigée. Ces distractions la laissaient triste ; elle alla s'installer dans les bois de Meudon, parmi les ombrages verdoyants qui avoisinent Sèvres. Les artistes ont le talent de découvrir des solitudes pittoresques.

Sa bonne étoile lui fit rencontrer une maison déserte ; cette maison, appelée *la Capucinade*, avait servi de retraite à des religieux, et par sa situation ravissante, offrait un abri fort convenable à une personne agitée, et qui cherchait le calme sans vouloir se résigner à l'ennui. Cette même bonne étoile rapprocha d'elle mesdames de Fleury et de Bellegarde, deux compagnes d'exil dont la première, brouillée avec son dernier mari, rentrait en France pour y réclamer les bénéfices du divorce. Les douleurs passées ne manquent pas d'un certain charme mélancolique lorsqu'on les évoque entre compagnons d'infortune ; d'ailleurs les beaux sites ne nuisent point à la poésie des souvenirs, et les trois femmes, unissant leurs regrets et leurs espérances, passèrent fort agréablement le reste de la belle saison. Cependant toute solitude, fût-elle tapissée de mousse et de fleurs rares, finit par lasser. On ne saurait passer sa vie à pleurer les morts, ni à épiloguer sur le compte des vivants. Ce fut l'avis de madame Le Brun qui ne tarda pas à quitter sa Thébaïde pour s'en retourner rue du Gros-Chenet. Mais les personnes habituées aux voyages ont peine à tenir en place. A peine rentrée chez elle, elle fit de nouveau ses malles, se disposant cette fois à visiter Londres. Londres, devenu le séjour des comtes de Provence et d'Artois, renfermait une foule de Français émigrés à la suite de leurs princes. Madame Le Brun y resta trois ans, reprenant là, comme ailleurs sa vie laborieuse et mondaine.

Le monde lui fit, comme toujours, bon accueil; mais elle n'eut guère à se louer de l'urbanité des artistes anglais. Ils l'accusèrent de faire du charlatanisme parce qu'elle ne verrouillait pas son atelier; l'un d'eux, poussant les choses plus loin, n'attaqua même madame Le Brun que pour discréditer plus sûrement la peinture française. La discussion engagée sur ce terrain devenait une querelle d'école. Madame Le Brun avait gardé le silence devant une attaque personnelle: elle ne pouvait se taire devant des insinuations outrageantes pour ses compatriotes. De plus, elle donna une leçon de politesse à un peintre qui, la prenant à partie dans un pamphlet imprimé, flétrissait son atelier du nom de *boutique*, et, par contre, faisait payer l'entrée du sien : « Permettez-moi de vous « dire que le mot de *boutique*, dont vous vous « servez en parlant de mon atelier, est peu digne « du langage d'un artiste. Je fais voir mes ta-

« bleaux sans prélever un droit sur l'entrée de ma
« porte. Je puis donc vous faire observer que le
« mot de *boutique* est impropre, et que la sévé-
« rité ne dispense pas de la politesse. »

Elle vivait fort entourée à Londres et avait fini
par se réconcilier avec les habitudes anglaises,
quand des affaires de famille la rappelèrent en
France. On l'avertissait que sa fille, récemment
revenue à Paris, y voyait une société assez mêlée ;
le mari, maintenant secrétaire du prince Narish-
kine, intendant des théâtres, était reparti seul
pour la Russie, où il ramenait des artistes.
Madame Le Brun crut un moment avoir retrouvé
sa fille. Mais l'illusion fut courte. L'expérience
n'avait pas mûri le caractère de la jeune femme,
et ses habitudes différaient trop de celles de sa
mère pour leur permettre de vivre en bonne intelligence sous le même toit. L'une resta à Paris,
l'autre partit pour la Suisse, où elle fit un portrait
de madame de Staël, et peignit quelques paysages.
Après de longs voyages, elle sentait enfin le
besoin de se reposer, et revint enfin définitivement
se fixer à Paris. L'avénement de Louis XVIII et la
restauration de la monarchie bourbonnienne ra-
menaient dans son salon quelques anciens amis ;

madame Le Brun redevint, une fois encore, le peintre privilégié de la cour, et l'une des femmes les plus recherchées de l'époque. Sans doute elle n'était plus jeune, mais la grâce et le talent ne vieillissent point. D'ailleurs, les femmes, à proprement dire, ne sont entièrement acquises au monde qu'à l'âge où elles échappent à l'amour. Le temps où leurs cheveux blanchissent est aussi le plus favorable au triomphe de leur supériorité native. Elles gagnent en bonté ce qu'elles perdent en fraîcheur, elles essayent de se faire pardonner leurs rides par la bienveillance de leur sourire.

Madame Le Brun, par exception, n'avait rien à se faire pardonner, et semblait douée d'une éternelle jeunesse. Un grand chagrin, la mort de sa fille, ne parvint point à l'abattre. Elle trouvait, il est vrai, d'amples dédommagements dans l'affection de ses nièces, particulièrement dans celle de madame J. Tripier Le Franc, nièce de son mari, et digne représentante du talent des Le Brun.

J'ai essayé de décrire tel portrait de madame Le Brun où l'artiste se représente coiffée d'un chapeau de paille. Ce portrait, objet de ses préférences, avait été copié par madame J. Tripier le Franc, dont il ornait ordinairement le salon. Le samedi, jour où sa tante recevait, il allait faire acte de présence chez madame Le Brun. L'aimable femme se plaisait à le faire passer pour le tableau original, et trouvait par là le moyen de rendre justice au talent de sa nièce, et de satisfaire à ses innocentes coquetteries de douairière. Évidemment elle tenait à montrer ses traits de jeune femme à des invités appartenant pour la plupart à la génération nouvelle. Ils s'appelaient Balzac, Gavarni, les deux Deschamps. Je ne dirai rien de ceux qui possédaient le droit de s'inviter eux-mêmes, par exemple Madame, duchesse de Berry, ni de ceux qui étaient invités par droit d'amitié ou d'ancienneté, comme MM. de Castellane et de Custine. Quelques autres noms pris au hasard, ceux de mesdames Gay, mère et fille, de mesdames d'Abrantès et de Bawr, prouvent combien madame Le Brun se montrait impartiale dans le choix de ses invités. Les Maufrigneuse, les Langeais de l'époque y figuraient auprès des plus grandes actrices du temps; madame Catalani y causait avec Horace Vernet, l'académicien Briffaut avec Casimir Bonjour.

Évidemment elle avait beaucoup trop d'esprit pour se priver de la société des gens éminents, à quelque parti qu'ils appartinssent. Mais tout en se montrant fort bienveillante envers les hommes nouveaux, elle n'en demeurait pas moins hostile, au fond, envers tout ce qui avait apparence de solennité ou d'emphase. En véritable femme du dix-huitième siècle, elle haïssait les grands mots et ne s'intéressait guère qu'aux vérités capables de supporter l'épreuve d'une démonstration mathématique. Ce dédain inné de l'inintelligible déteignait quelque peu sur son zèle religieux. Non pas qu'elle se piquât de mépriser la religion, mais elle n'était pas pieuse au sens où les gens du monde l'entendent. Les longs offices la fatiguaient et elle avait peine à attendre l'issue de la messe. Quand sa nièce s'avisait de la plaisanter sur ce sujet, le visage de l'aimable femme prenait une expression naïvement contrite. Elle s'avouait incapable d'une méditation suivie. « Que veux-tu, mon « enfant? répondait-elle, j'entre à l'église avec « l'intention bien arrêtée de prier le bon Dieu; « mais une fois assise, je ne puis m'empêcher de « regarder à droite et à gauche. C'est un rayon de « soleil qui illumine le chœur, c'est une jolie femme « qui s'agenouille, gracieusement penchée sur « son prie-Dieu. Involontairement je pense au joli

« portrait que ferait l'une, au charmant tableau
« que fournirait l'autre. » Le naturel reprenait le
dessus, la chrétienne s'effaçait devant l'artiste.
Celle-ci n'eut jamais à souffrir des incommodités
de l'âge. Nulle infirmité ne venait assombrir sa
vieillesse honorée et heureuse. Elle ne délaissa
jamais le monde et continua jusqu'à la fin à s'intéresser aux choses de l'art. Elle aimait aussi le
théâtre, mais y allait rarement, à cause du mauvais air. Elle ne pouvait supporter l'odeur des
foules : « Cela sent l'humanité, » disait-elle. En
revanche, elle assistait avec plaisir aux élégantes
représentations d'amateurs organisées par le comte
Jules de Castellane. Elle avait près de quatre-
vingts ans, et profitait du calme qui se fait autour
de la veillesse pour rédiger des souvenirs remplis
de faits intéressants et de portraits historiques.
L'intérêt des événements auxquels elle assista,
l'attrait de son style à la fois piquant et simple,
font de son livre l'une des meilleures causeries de
notre temps. En somme, madame Vigée Le Brun
se montre de la bonne école dans ses écrits comme
dans sa peinture; sa vie n'a point démenti son
éducation, son langage est demeuré jusqu'à la
fin l'expression fidèle de son naturel. Je n'en con-

nais point de plus séduisant, ni de plus digne
d'orner un caractère de femme du monde. Elle
s'éteignit doucement à la fin d'une fête intime,
un dîner de famille égayé par la présence d'un
vieil ami. Elle avait quatre-vingt-sept ans; elle
avait assisté à la chute successive d'une demi-dou-
zaine de gouvernements, tous déclarés définitifs
et éternels à leur origine.

La famille tenait à conserver le masque de
l'illustre défunte, encore belle sur son lit de mort.
J'ai respectueusement contemplé ce moulage,
touchant souvenir d'une vie de succès et de bonheur. Un dernier trait en achèvera l'esquisse ra-
pide. Par hasard, le jour où M. Tripier Le Franc,
son neveu, fit mouler le visage de madame Vigée
Le Brun, le mouleur ayant demandé un gros livre
pour relever cette tête affaisée, le domestique alla
prendre dans la bibliothèque de la défunte un
volume in-quarto, et ce volume qu'il apporta fut
le tome premier des *Entretiens sur les vies et les
ouvrages des plus excellents peintres anciens et
modernes*, de Félibien, où il est parlé de la gloire
du grand peintre Charles Le Brun.

ÉLIZABETH BROWNING

I

Ce n'est pas certainement par l'ampleur du souffle poétique que notre époque se distingue, et cela se voit de reste à l'étalage de nos libraires.

Voici pourtant un roman en vers, un long poëme où l'auteur, avec une témérité toute féminine et toute anglaise n'a pas craint de s'avouer poëte et de justifier cette prétention en se montrant tel. Quoi qu'on puisse dire, Elizabeth Browning estime que la race des poëtes n'est point éteinte; elle croît et prouve que l'on en trouve encore en dehors des « songes-creux, des diseurs de bonne aventure, des menteurs vertueux qui exploitent la lune et le soleil. » Bien mieux, elle estime « que Dieu trouve en eux ses derniers hérauts, les seuls qui, dans notre âge incrédule et sceptique, osent opposer les grandes vérités essentielles et éternelles à la vérité relative et temporaire ; les seuls qui montrent la lumière à travers des ténèbres de convention, et enseignent à l'homme à mesurer l'homme à sa véritable stature, et non d'après l'ombre diffuse qui s'agite sur le mur d'un charnier. »

On reconnaît ici la voix d'un poëte, mais d'un poëte à la manière de Shakespeare, fait comme nous de chair et d'os, la touche toute-puissante de cette moitié divine de l'homme qui fait l'artiste et le créateur. J'ai nommé Shakespeare. A vrai dire, Élizabeth Browning est de la même lignée et se montre telle par l'énergie extraordinaire du souffle poétique, par l'audacieuse franchise qui ne recule devant aucune rudesse, avant tout par l'intarissable fécondité de l'imagination la plus splendide, la plus fougueuse, la plus généreuse et la plus variée, source de toute vie et de tout art. Un Shakespeare femme, et par là même moral, un être supérieur qui, des hauteurs inaccessibles où le place sa virginité absolue et audacieuse, peut avoir du génie impunément et sans crainte de souiller sa robe de femme, telle est l'héroïne du livre et le spectacle étrange autant que noble auquel il nous fait assister.

Le récit dans une pareille œuvre n'est qu'un cadre, cadre admirablement sculpté, et digne par là même de la pure figure à laquelle on donne volontiers les traits de l'auteur. Ce n'est pas que, par un travers assez général aux poëtes, et surtout aux poëtes femmes, l'écrivain se mette personnellement en scène et vienne nous entretenir de ses affaires privées. Mais on peut raconter l'histoire de son âme sans raconter les secrets de sa vie, et ce n'est point cesser de s'appartenir que révéler de soi-même aux autres ce qui seul importe aux autres : j'entends les grands traits humains par lesquels toute créature supérieure se distingue et prouve sa noblesse. Ce n'est pas non plus cesser de s'appartenir que de nous faire assister au travail intime de la pensée, aux agitations d'une âme véhémente, de rendre visibles les élans de générosité active et de désintéressement moral par lesquels un noble esprit arrive à l'équilibre et à l'apaisement. C'est ce qu'a fait Élizabeth

Barrett Browning, et cela sans user ses forces à guerroyer contre les décrets immuables qui l'ont faite femme et par conséquent vouée à la soumission, sans chercher à grossir sa voix naturelle afin de l'élever au diapason accoutumé des prophètes. Le prophète ici, si prophète il y a, c'est l'inépuisable générosité du sentiment féminin qui, tel qu'une flamme demeurée pure, finit par surmonter les fumées de l'orgueil et de l'amour-propre, les consumer, briller seule ; c'est le courage employé contre soi-même, qui tire l'âme du rang élevé et solitaire où sa hautaine virginité la relègue, pour la ramener vers la terre et lui enseigner à se plier humainement à l'éternelle et sublime loi de dévouement et d'amour.

Quelle tâche que d'assembler et de peindre dans le même personnage une femme, un artiste et un héros ! Aurora Leigh est née à Florence ; elle a perdu de bonne heure son père et sa mère, et, nouvelle Mignon exilée en Angleterre auprès d'une tante demeurée fille, et dont la rigidité comprime sa jeune âme, elle ne cesse de songer au beau soleil qui, là-bas, dore les pulpes fondantes de l'orange et de la figue parmi les brises tièdes et parfumées qui agitent des champs de violettes

moins azurées que le ciel. Mais, quoique italienne
par sa mère, Aurora Leigh est anglaise par l'esprit de hauteur orgueilleuse qu'elle a reçue en hé-
ritage de son père, et aussi par cette force de
résistance qui la maintiendra triomphante au-
dessus des défaillances de l'âme et du corps.
D'ailleurs, un instinct secret l'avertit que le
monde est un livre ouvert à tous, un évangile
dont les feuillets étalent leurs images les plus
splendides devant tous ceux qui veulent bien s'y
lire et s'y instruire. Cette précocité, surprenante
chez toute autre, n'a rien ici d'étrange. En manière de distraction, et comme un joueur d'échecs
qui, faute d'un adversaire propre à l'aider dans
son passe-temps favori, en chercherait un auprès
d'un enfant, quitte à ne lui en voir comprendre
que les principes les plus élémentaires, le père
d'Aurora, homme lettré et grand helléniste, s'est
amusé à lui apprendre le grec et les langues sa-
vantes; à l'heure où toutes les lumières s'étei-
gnent, on pourrait la voir, la pâle enfant, rallu-
mer la sienne et plonger un regard curieux entre
les pages jaunies d'un Elzévir annoté par la chère
main qu'elle ne peut plus presser.

Un jour, au fond d'un casier oublié, elle en

retrouve d'autres, des poëtes, cette fois, et, « sous
« ce premier et sublime attouchement de la pen-
« sée, son âme bondissante s'élance au delà des
« bornes étroites du convenu, brisant ses en-
« traves comme ce feu intérieur qui, ayant miné
« la terre jusqu'aux entrailles, en réveille sou-
« dain les furies et la fait éclater. »

La plante méridionale, étiolée en Angleterre,
renaît à dater de ce jour ; la femme un matin
s'éveille artiste et poëte en face de la nature
moins radieuse que son front de vingt ans. —
« Je me sentis heureuse, ce jour-là. Juin fleuris-
« sait en moi avec ses multitudes de rossignols
« qui s'appelaient à travers l'obscurité des feuil-
« lages, à travers les boutons de roses qui cre-
« vaient de leurs rougeurs les vertes ouvertures
« du calice. Je me sentais si jeune, si forte, si
« sûre de Dieu, si contente, que je ne songeais
« guère à me souhaiter plus sage, et que, toute
« fière de mes vingt ans accomplis et de pouvoir
« prendre, rieuse, un suprême congé de l'en-
« fance, un matin, je m'élançai, et bien avant
« qu'il fît jour à la maison. Une trace verte, celle
« de ma robe balayant les herbes trempées de
« rosée, marquait mon passage à travers le sen-

« tier, parmi les buissons en fleur et les acacias
« odorants où je laisais voltiger à l'aventure
« mes jeunes fantaisies, où je comptais fêter mon
« jour de naissance, jusqu'à l'heure où ma
« tante, s'éveillant, viendrait mettre fin à mes
« rêves. »

Son rêve, pourtant, n'a plus qu'un quart
d'heure de durée, et se dissipe plus tôt encore
qu'elle ne le supposait tout à l'heure. Aurora
Leigh, dépouillée de sa fortune par un testament
qui interdisait le mariage de son père avec une
étrangère, est aimée d'un jeune parent, un Leigh,
l'héritier direct des biens de la famille, et qui en
emploie la meilleure part en établissements et en
réformes humanitaires. Dans l'effervescence de
son esprit généreux et pratique, il n'admet pas
qu'une femme ici-bas puisse s'acquitter de sa
tâche de femme en écrivant des vers de femme.
Avec une rudesse d'homme et une franchise
brusque, il lui offre d'échanger ses travaux de
poëte contre d'autres travaux plus utiles et plus
appropriés au sexe faible, de devenir sa femme,
en un mot, et de s'associer à ses efforts. La proposition, pour sortir d'un cœur généreux, n'en
est pas moins maladroite et maladroitement pré-

sentée : elle n'est pas faite pour toucher une âme
naïve et fière que ne sait pas « généraliser en fait
d'amour, » et se montrer très-reconnaissante
d'une tendresse qui a l'humanité pour mobile.
« Ce que vous aimez, Romney, répond-elle fière-
« ment, c'est moins une femme qu'une cause.
« Vous avez, Monsieur, besoin d'un acolyte plu-
« tôt que d'une compagne; il vous faut une
« femme pour employer vos fins, non pour trou-
« ver en elle votre fin! Votre cause est noble,
« vos fins sont excellentes; mais moi, indigne,
« j'ai le malheur de comprendre autrement
« l'amour. Adieu. » Là-dessus, elle s'en va,
doublement blessée dans son orgueil et dans son
amour, car, sans s'en douter, elle l'aime et s'imagine que c'est par pitié seulement qu'il veut
l'épouser.

Cependant, de graves événements surviennent;
elle perd sa tante qui vivait d'une pension. La
voilà seule, sans fortune; avec toute la délicatesse et la noblesse possibles, son cousin, Romney Leigh, qu'elle a dédaigné, essaye de lui en
faire une. Elle écarte le don comme une insulte,
et, confiante en son robuste génie, elle refuse
d'accepter comme bienfaiteur celui qu'elle a re-

fusé comme époux. Rien de plus noble que ce
combat entre deux âmes également généreuses
et que l'orgueil seul éloigne et sépare. — « Ayant
« parlé ainsi, je déchirai le contrat qui me fai-
« sait riche, et le déchirai de haut en bas, de bas
« en haut, de long en large, si bien qu'il voltigea
« tout éparpillé de mes mains ; tel un torrent de
« feuilles soudainement roulé par les fureurs
« d'un tourbillon subit s'agite au-dessus du
« Val-d'Arno, puis retombe, retombe, et, lente-
« ment, vient se répandre sur le sol attristé, au
« pied des collines étonnées... — Eh bien ! oui,
« je parle en poëte, outrant l'image, et par une
« comparaison trop forte, exagérant un petit
« fait. Toutefois, quand je songe au regard dont
« ses yeux me couvrirent en cet instant, à la tris-
« tesse stupéfaite de ce regard de reproche, je
« crois vraiment qu'il y avait des larmes, et
« qu'un tremblement agita le contour ordinaire-
« ment si ferme de ses lèvres. Ensuite, il rompit
« le silence, me disant : « Quoique Romney
« Leigh, quoique votre parent, ce qui veut dire
« moins pour vous qu'un étranger, il m'est peut-
« être permis de vous demander où vous comp-
« tez aller en quittant cette maison et ce que

« vous comptez faire. Ceci ne peut être un se-
« cret. » — « Toute ma vie, lui répondis-je, est
« à jour devant vous, cousin. Je m'en vais droit
« à Londres, le grand centre des pensées re-
« muantes, le rendez-vous des âmes actives, là
« où je pourrai y dépenser la mienne en œuvre,
« en travail, l'exhaler harmonieusement pour les
« autres, s'il est vrai que l'âme d'une femme,
« comme celle d'un homme, est assez large pour
« embrasser l'octave entière (chose incertaine et
« à prouver), ou, si je succombe à l'épreuve pu-
« blique, je serai contente de travailler pour moi
« seule. Prions Dieu d'être avec moi, Romney. »
« — « Ah! pauvre enfant, qui luttez contre la
« main protectrice d'une mère, et choisissez de
« tenir vous-même le gouvernail! Que Dieu
« change à votre intention la loi universelle,
« chère aimée, et fasse pour vous son monde
« aussi calme que les cieux et plus équitable sur-
« tout que je ne vous ai trouvée envers moi! »
Tel est le vœu dont Romney l'accompagne; c'est
là le mot sur lequel la première partie du livre
s'achève, non pas pourtant tout à fait. Au moment où, sur le seuil même de la porte, leurs
mains se serrent une dernière fois en signe

d'adieu, au moment où, par une étreinte plus
longue et plus forte que les précédentes, elles
semblent chercher à reculer l'instant où elles vont
se dénouer, l'auteur, par un trait admirable et qui
prouve sa divination du cœur féminin, nous
montre Aurora oppressée par le poids d'une question intérieure qui a peine à venir jusqu'à ses
lèvres. Le rouge lui monte au visage ; sentant
que pour toujours leurs routes divergent, elle
balbutie :

« Et vous, mon cousin, que ferez-vous? —
« Moi? reprend Romney, par le ciel, les jeunes
« filles sont curieuses et voudraient avoir le mot
« de tout, savoir la vérité sur les cousins comme
« sur le reste. Pour moi, Aurora, j'ai, vous le
« savez, ma tâche à remplir, et vous connaissez
« cette tâche. Pendant que vous demanderez aux
« hommes une oreille attentive pour vos heu-
« reuses pastorales, moi, par contre, j'essayerai
« d'obtenir audience auprès d'eux pour les or-
« phelins affamés, de diriger leurs regards vers
« la rue, où de pauvres créatures, battues et
« maltraitées, élèvent vers eux leurs petits en-
« fants privés du lait maternel... »

II

Sur ces mots ils se quittent, et Aurora vient à Londres pour mener la rude vie d'homme, de solitaire et d'écrivain. Le génie perce quand même ; c'est pourquoi elle réussira. Non pas pourtant sans connaître les angoisses, les défaillances, les sueurs inséparables des grandes fièvres, ces frissons qui secouent l'artiste, surtout ces inquiétudes poignantes qui, créant en lui un juge et un critique, le rendent tout à coup clairvoyant, lui montrent que la passion, absente de son œuvre, n'a laissé sa trace que sur son visage et dans son cœur. En fait d'art, on n'est quelqu'un qu'à condition de ne ressembler à personne, tâche rude pour un homme, plus rude pour l'orgueilleuse créature « dont la main débile ne saurait se tendre sans se fouler » dont la fierté repousse toute camaraderie masculine, et qui ne se distingue d'entre ses pareilles que parce qu'elle a plus d'intelligence et plus de volonté. Ici ces difficultés se compliquent encore des embarras matériels : il lui faut non-seulement tra-

vailler pour vivre, mais écrire des choses médiocres pour acquérir le droit d'en méditer de
belles, émietter sa pensée à droite et à gauche
pour gagner les moyens de la concentrer en une
œuvre durable. Avant tout, il lui faut travailler
afin de se rompre aux difficultés du style, s'ap-
proprier l'art, ne pas craindre d'effacer et de
recommencer. Car, à peu d'exceptions près, on
est petit avant de devenir grand, et ceux-là seuls
deviennent grands qui se savent petits et s'exer-
cent à battre l'airain afin d'en faire jaillir des étin-
celles.

« Le jour où Romney Leigh et moi nous nous
« quittâmes, je m'installai au sommet d'un
« faubourg; je fis mon nid au troisième étage
« d'une maison, tout près du toit, où logent les
« hirondelles. Là, trois ans entiers je vécus et je
« travaillai. Je travaillai solitaire. Le vent, et la
« poussière, et le soleil, frappèrent ensemble sur
« mon visage pour le hâler et le mettre à vif. Et
« mon courage, lancé par l'espérance, tombait
« et se relevait tour à tour comme un ballon qui
« tantôt se prend entre les branches d'un arbre
« vert et tantôt entre celles d'un arbre dénudé.
« Parfois je croyais toucher mon but, et des

« âmes généreuses aussitôt de s'écrier : « Allons,
« courage, vous approchez ; un pas de plus, et
« vous voilà à votre niveau. » L'éloge, d'abord,
« me faisait rougir ; puis, tout en m'arrêtant
« pour reprendre haleine, involontairement je
« comparais le but à l'effort, me disant : « Est-ce
« là tout, tout ce qu'il y a à faire, et aussi à ga-
« gner ? En vérité, si ceci s'appelle le succès, il
« est plus douloureux qu'une chute. » Succès ou
chute, elle va toujours, et sans broncher, inatten-
tive aux bruits du dehors comme aux misères du
logis ; elle ne remarque même pas les ravages de
la fièvre qui pâlit sa joue, creuse ses yeux étince-
lant d'un feu maladif, agite son pouls, « si bien
« qu'à voir les soubresauts pressés qui heurtent
« les veines purpurines du poignet amaigri, mal-
« gré soi l'on songe aux tressaillements su-
« prêmes d'un oiseau abattu par la main du chas-
« seur. »

L'effort est grand, n'est-il pas vrai ? Vous ne
pouvez vous empêcher d'admirer ce mâle courage
que rien ne rebute, l'orgueilleuse et héroïque
volonté que rien n'arrête. Ne vous y trompez pas,
néanmoins, n'oubliez point que le poëte, ici, re-
couvre la femme, une femme qui aime et, par

conséquent, veut qu'on l'aime. Mais elle reconnaît sa faiblesse et la raille. Cette supériorité de regard et de conscience est ce qui la distingue vraiment des autres et la fait reine entre toutes.

« Voici la chose, en résumé : Nous autres femmes,
« nous ne travaillons, après tout, qu'en vue d'un
« seul, ce qui prouve notre impuissance à créer.
« Nous tendons nos forces vers un but élevé, non
« point, comme on pourrait le croire, parce
« qu'il y a là quelque chose de grand à faire,
« mais simplement parce qu'en y atteignant
« nous nous élevons aux yeux de quelqu'un. »
L'effort est inutile, l'espérance est frustrée quand la gloire vient seule, et quand, sur la couronne apportée par la foule, une main aimée ne vient point poser la seule fleur qu'on ait vraiment souhaitée.

« O Dieu ! mon Dieu ! suprême artiste qui, en
« retour de toutes les merveilles de ton œuvre,
« ne nous demandes qu'un mot d'amour, un
« nom, celui de Père... Mon père, toi seul tu
« sais, toi seul tu peux savoir ce qui se passe en
« nous quand, muettes au coin du foyer solitaire,
« à travers le silence des nuits de décembre,
« nous saisissons l'écho lointain des voix qui nous

« proclament célèbres, de ces voix de fiancés, de
« jeunes époux qui, notre livre à la main et les
« yeux dans les yeux, se regardent et disent :
« C'est bien cela ; c'est ainsi que je t'aime ; on
« voit qu'il a aimé, ce poëte ! »

Tout cela est dur à supporter. Plus dure est
encore l'insolente curiosité du monde, sa bienveillance maladroite ou banale ; plus dures sont
encore les tortures secrètes qu'infligent les autres
femmes, ces bourreaux souriants de salon,
acharnées à persécuter celles qui les dépassent et
les obscurcissent ; telle est lady Waldemar, poupée de mode, sorte de grande dame intrigante,
qui, pendant toute une soirée, et dans le but de
la faire souffrir, lui parlera de Romney Leigh,
avouant qu'elle-même est éprise de lui, indiquant
qu'elle va l'épouser, et tout à la fois accablant sa
rivale de compliments perfides, pour lui faire entendre qu'une muse ne saurait prétendre à mieux ;
innombrables et fines morsures d'un moucheron
harcelant le lion captif : « Une bête fauve en ru-
« girait, tandis qu'une créature humaine n'a
« pas seulement le droit de changer de visage.
« Et dire qu'une espèce pareille puisse s'en-
« tendre à pousser à bout une créature de mon

« espèce ; dire qu'il lui soit permis de retirer
« une à une, et le sourire aux lèvres, les aiguilles
« de sa pelotte pour me les enfoncer entre les
« ongles et la chair, et me faire crier de douleur,
« moi, Aurora Leigh ! »

On ne crie pas, toutefois, quand on se nomme
Aurora Leigh ; semblable à Hamlet, qui demeure
artiste et prince jusque dans ses égarements, elle
reste artiste et reine au milieu de ses emporte-
ments et de ses colères de femme. « *Go into a
nunery,* » dit le prince de Danemarck à la frêle
créature qu'il enveloppe avec tout le sexe dans sa
misanthropie et son mépris. Aurora Leigh, en vraie
fille de Shakespeare, en vraie sœur d'Hamlet, aura
de pareils éclats de brutalité méprisante le jour
où elle croit son cousin à la veille d'épouser une
poupée de salon. Impossible de sortir des gonds
avec plus de hauteur, de pousser plus loin l'ironie méprisante, de demeurer si bien maîtresse de
soi-même. « Qu'il aille, dit-elle tout bas, qu'il
« se munisse d'une compagne de table et de lit.
« Car c'est là, j'imagine, ce que tout homme
« cherche en se mariant, et ce qui le rend si
« aisé à contenter. Il voit en nous un sexe, tan-
« dis que nous n'apercevons en lui qu'un homme,

« un seul, l'*unique* vers lequel nous tendons, et
« en qui nous aspirons à nous fondre. Pour lui,
« c'est le contraire. Il ne cherche, à vrai dire, en
« nous, qu'un moyen de vivre double, de jouir
« deux fois de la vie, et par lui, et par nous. Et,
« finalement, il se dit qu'à table, au lit, à l'ou-
« vrage, au repos, il n'est pas bon pour l'homme
« d'être seul : raisonnement péremptoire, au
« moins pour lui, et qui m'explique pourquoi
« mon cousin Romney se marie. »

Il n'en est rien, néanmoins. Un jour, repoussé
dans sa première tendresse, il a voulu mettre en
pratique son rêve généreux, épouser une ouvrière, une fille du peuple; c'est alors, qu'en
présence du monde qui crie au scandale, et semblable à la déesse sacrée de la Justice, Aurora
Leigh se redresse de toute sa hauteur pour protéger celle qui, en dépit de sa pauvreté et de la
bassesse de son origine, mérite, à ses yeux, de
porter le nom de Leigh : car la puissance de la
générosité égale, en une telle âme, celle de l'orgueil, et la véhémence de la passion trouve son
contre-poids naturel dans la capacité du dévouement et de l'amour. Mais Romney Leigh est de sa
taille, et l'auteur, plus équitable que ne l'est d'or-

dinaire la destinée, n'a pas voulu laisser son
livre s'achever sur une erreur grossière, quoique
commune, et permettre à l'amour de se tromper
de but en se trompant d'objet. Selon la loi divine qui rapproche les êtres, et que l'homme ne
viole jamais impunément, Aurora Leigh épou-
sera Romney Leigh, et cela au moment même où
le succès de la femme et les malheurs de l'homme
viennent abattre leur orgueil et faire tomber
entre eux la dernière méprise. « Vous vous trom-
« piez, dites-vous, Romney, quand, dans ce qu'il
« vous plaît aujourd'hui d'appeler votre demi-
« sagesse, vous employiez des demi-moyens pour
« sauver les hommes, n'envisageant ainsi qu'une
« moitié de leurs besoins, et laissant de côté votre
« intérêt personnel. Que dirais-je donc de moi qui,
« capable aussi de discernement en choses de sen-
« timent comme en matière d'art, en vins à
« trahir cet art même, et avec lui l'objet de toute
« ma vie, le but de mes plus ardents plaidoyers ?
« Car, dans ma passion d'exalter en moi l'artiste
« aux dépens de la femme, j'oubliais que d'une
« femme imparfaite ne saurait sortir une artiste
« complète. L'idée de la fleur comprend forcé-
« ment celle de la racine, la racine celle du

« germe, et pareillement à travers toute notre
« vie. C'est par les choses palpables seules que
« nous pouvons atteindre aux immatérielles. Le
« spirituel présuppose toujours le visible. Quoi!
« une poignée de terre pour faire un homme à
« l'image de Dieu tout-puissant? me disais-je
« jadis avec dédain. Eh bien oui! faute de m'a-
« baisser vers cette terre méprisée, je ne connus
« pas le souffle divin qui en émane, je veux dire
« le souffle même de l'amour. L'art, certes, est
« quelque chose, mais l'amour est davantage.
« L'art symbolise les cieux, mais l'amour les
« crée, parce qu'il est Dieu lui-même. Moi, Au-
« rora Leigh, j'ai volontairement renié Dieu. » La
sèche prose traduit mal la grande poésie, et
l'espace me manque pour entrer en de plus
amples détails; il faudrait s'arrêter davantage sur
les beautés d'une œuvre qui traite à la fois des sujets les plus élevés et les plus simples, où l'analyse
psychologique des caractères s'élève sans effort
et par un élan naturel aux hauteurs de la plus magnifique philosophie. Les idées ici valent le style,
car le style lui-même emprunte uniquement sa
valeur à la vérité des sentiments et à la force des
images dont il est tissu. L'auteur, de son propre

aveu, y a ramassé la substance de toutes ses
expériences passées et de toutes les théories poétiques et sociales qui peuvent s'entre-croiser dans
une imagination de penseur et d'artiste. Il est
également complet à l'un à et l'autre égard, et cela
suffit pour expliquer l'immense acclamation dont
le public anglais l'a accueilli. On ne trouvera
dans aucune littérature des idées plus hautes
exprimées sous une forme plus neuve. Un tel
livre fait honneur au pays où il a paru. En effet,
c'est en Angleterre plutôt qu'ailleurs qu'il pouvait et devait éclore, chez une nation où l'éducation plus libérale et plus forte permet aux femmes
d'avoir une éducation d'hommes, où le préjugé
ne vient point systématiquement arrêter chez elles
le développement de la logique et l'acquisition de
la science positive, où elles sont nourries dans le
sentiment des faits et dans la pratique de la vérité. Une jeune fille, en Angleterre, a le droit de
s'instruire ; elle peut, si l'occasion s'en présente,
et sans pour cela se voir traiter de bas-bleu, apprendre le latin et le grec, lire un ouvrage de bo-
tanique ou de physique : cela semble aussi utile
que l'art de faire des gammes ou de broder des
mouchoirs. En somme, l'usage n'oblige point à

comprimer en elle toute supériorité naissante et,
de ce qu'elle est femme et vouée au métier de
femme, on ne se croit pas, nécessairement, tenu
à la condamner à l'ignorance, à la confiner dans
son infériorité native ; on ne lui demande que de
ne point négliger pour cela ses devoirs naturels,
et on ne la blâme que si, ayant un mari et des
enfants, elle cesse d'être épouse et mère. Ainsi
vécut et pensa Élizabeth Barret Browning, morte
il y a six ans, aussi admirable par sa conduite
privée que par son talent public, aussi noble
de caractère que d'esprit. Après de grands
malheurs, de longues études et une jeunesse irréprochable, elle avait épousé un homme digne
d'elle, poëte aussi, et qui l'adorait. On trouvait
en elle une helléniste accomplie, versée dans
toutes les connaissances, passionnée pour toute
science, maîtresse des principales langues et de
toutes les grandes littératures anciennes et modernes. Mais on trouvait aussi en elle une femme
dévouée, attachée, comme la plus ordinaire des
ménagères, au bonheur des siens et aux devoirs
de sa maison. Ce qui lui a manqué, c'est la santé,
c'est la force physique. Son corps était trop
faible pour son âme ; les nerfs détraqués et endo-

loris, presque poitrinaire, elle a passé sur son lit
les plus belles années de sa vie ; l'intensité dévo-
rante de ses idées et de ses sentiments est partout
visible dans son livre ; la lame usait le fourreau.
Il reste d'elle ce livre ; elle est l'égale de Keats,
de Schelley et de Tennyson : c'en est assez.

CHARLOTTE LEFÈVRE

I

J'obtins mon prix de Rome en 1860. La veille de mon départ, comme je traversais le pont des Arts, je rencontrai Charlotte Lefèvre. C'était alors une grande fille brune, pâle, mince, qui avait de très-beaux yeux et ressemblait un peu à un garçon déguisé.

— « Je suis fâchée, dit-elle, de vous voir partir. Pas pour vous, mais pour moi. Ce Durue m'a mise de mauvaise humeur. Je suis capable de faire une sottise si personne ne m'arrête. »

Elle paraissait très-irritée contre le rédacteur

en chef de la *Revue pittoresque*, qui la payait mal
et l'accablait d'observations injustes. « Ses bons-
« hommes, disait-il, n'étaient point d'aplomb
« sur leurs jambes, ou semblaient phtisiques.
« Plus tard, lorsqu'elle aurait fait des progrès,
« il la couvrirait d'or, mais, en attendant, il ju-
« geait à propos de l'exciter au travail en la ré-
« duisant au pain sec. »

J'essayai de la calmer, disant que Durue avait
tort de ne point la payer et raison de critiquer ses
dessins. Cette réplique lui arracha une sortie vio-
lente. Elle se redressa vivement et me regarda
avec colère.

« — Vous ne m'apprenez rien de neuf, s'écria-
t-elle, je ne sais point dessiner. Mais à qui la
faute? A l'école de dessin d'où je sors, j'ai passé
trois ans à copier des têtes de gendarme et des
bouquets de jacinthe. Vous, le gouvernement
vous envoie à Rome, vous paie de vrais modèles.
Si vous ne réussissez pas, vous pouvez vous faire
peintre d'enseignes. Moi, j'ai la ressource de me
noyer ou de devenir blanchisseuse. A la rigueur,
je pourrais encore me faire modèle. J'ai une tête
à caractère, comme disent les peintres. Au fait,
pourquoi pas? On m'apprendrait peut-être le des-

sin par-dessus le marché, et je ne risquerais pas
de me rendre aveugle. »

Tout en causant, nous avions ralenti le pas.
Vers le milieu du pont, elle s'arrêta et me fit
signe de regarder. Des clochetons, des tours ap-
paraissaient à demi noyés dans une obscurité
rougeâtre. L'ombre naissante était parsemée de
pointillements d'or, et la Seine, grossie par des
pluies récentes, semblait rouler des flots d'encre.
Sur l'horizon, de lourds nuages fuyaient devant
une lune pâle. On allumait le gaz, et les langues
de flamme formées par le reflet des réverbères
couraient, pareilles à des feux follets, parmi les
clartés tremblantes qui miroitaient, çà et là, la
surface du fleuve.

Charlotte, muette et le regard fixe, dévorait
l'espace de ses grands yeux étincelants et son-
geurs. Ses lèvres étaient entr'ouvertes, et son bras
droit, un peu levé, semblait badigeonner dans le
vide. Elle m'avait oublié et me répondit à peine
quand je lui tendis la main en signe d'adieu.

Je l'avais vue, pour la première fois au Louvre,
copiant une statue de Minerve, et vêtue d'une
vieille robe noire fanée et beaucoup trop légère

pour la saison. Sa copie péchait par le manque d'exactitude, mais dénotait une main sûre. Les draperies étaient très-belles, pleines de noblesse et d'ampleur.

— « Quel est votre maître ? » lui demandai-je.

Elle se retourna brusquement, me toisant d'un air farouche, avec un regard de curiosité presque blessante. Réflexion faite, elle daigna ouvrir la bouche pour me répondre. J'appris qu'elle sortait de l'école de dessin et travaillait actuellement seule. Elle s'efforçait, disait-elle, de *se faire la main*, en attendant qu'elle pût entrer dans un atelier et dessiner d'après nature. Le lendemain, étant retourné au Louvre, et l'ayant retrouvée à la même place, je crus pouvoir renouer notre entretien de la veille. J'étais artiste, presque aussi pauvre qu'elle. Sans doute elle me trouva l'air peu compromettant, car, non-seulement elle répondit à mon salut avec une sorte de politesse grave, mais poussa la condescendance jusqu'à me demander un conseil. La glace fut rompue à partir de ce moment, et d'étrangers l'un à l'autre, nous devînmes presque aussitôt camarades. Elle cessa de me regarder avec méfiance, et me confia ses projets d'avenir. Ces projets trahissaient sa

naïveté et son courage. Elle voulait être peintre,
elle n'avait jamais songé qu'à être peintre. Pour
le moment, elle habitait une mansarde de la rue
Guénégaud, et portait le deuil d'une tante morte
à l'hospice. La mort de cette tante l'ayant laissée
sans pain, il avait fallu songer à gagner de quoi
vivre. A force de recherches et de démarches,
elle était parvenue à entrer dans un petit pen-
sionnat comme maîtresse de dessin. On lui donnait
dix francs par mois et le déjeuner. Cela durait
depuis trois mois, quand elle eut le malheur de
déplaire au professeur d'arithmétique, qui s'efforçait de lui inspirer le goût du calcul en lui apportant des oranges. Charlotte ayant refusé les oranges
et s'étant montrée récalcitrante au calcul, le digne
homme trouva moyen de la dénoncer comme intrigante à la directrice, qui s'empressa de manger les oranges et de mettre la maîtresse de dessin
à la porte. Il fallut trouver autre chose, et elle
imagina de répandre des prospectus qui paradè-
rent longtemps derrière les vitres des petits four-
nisseurs. La modicité des prix et l'ingénuité de la
rédaction lui valurent la visite d'un étudiant en
médecine, qui offrit de lui faire des cours d'ana-
tomie en échange de ses leçons, et celle d'un

frotteur assez candide pour venir lui offrir ses
services. Elle congédia le frotteur, pria l'étudiant
d'aller étaler sa science ailleurs.

Elle contait tout cela sans gaieté, mais sans
amertume, avec exactitude et sécheresse. Quelquefois, ses récits, dépourvus d'enjouement et de
grâce, avaient la vigueur et la précision d'une
eau-forte. Par exemple, quand elle retraçait ses
souvenirs d'enfance, je croyais voir s'étaler devant moi une suite de tableaux de maîtres. Son
père et sa mère étaient fruitiers à la halle, et mou-
rurent à trois mois l'un de l'autre, la mère pour
avoir trop pâti et le père pour avoir trop bu. Le
convoi du père coûta trente-sept francs; c'est la
dernière classe. Une voisine ramena Charlotte du
cimetière et la coucha avec elle; le lendemain on
vendit les meubles et il n'y eut pas de quoi payer
toutes les dettes. Charlotte était à la porte, regardant les balances, les paniers et le reste des usten-
siles qui s'en allaient. Un des créanciers passa.
« Voilà cette petite vermine, dit-il, déguerpis de
« l'entrée, drôlesse; ton père m'a fait perdre,
« c'est un voleur. »
Faute de place, la voisine renvoya Charlotte.

Elle fut arrêtée, comme elle errait au hasard. Un sergent de ville l'amena devant le tribunal, et le président, d'un air rogue, ennuyé, avec une voix de crécelle, lui apprit qu'elle était prévenue de vagabondage. Il fut assez surpris quand il vit cette petite laideron grêle, qui avait l'air d'une sauterelle malade, faire trois pas en avant, s'arrêter et lui dire d'une voix vibrante : « On vous a « menti, Monsieur, je n'ai pas vagabondé. »

L'affaire fut remise à huitaine, les journaux en rendirent compte, et il se trouva que la petite fillette avait une cousine, sa tante à la mode de Bretagne, concierge dans une espèce d'hôtel garni. Cette cousine vint avec les attestations nécessaires, déclara qu'elle se chargeait de l'enfant, et l'emmena, pensant l'employer pour balayer les escaliers et faire le plus gros de l'ouvrage.

Elle ne plut guère à Charlotte, qui lui trouva l'air rogue. Elle pouvait avoir de quarante à cinquante ans, âge où les gens perdent l'espérance. Ses traits étaient jaunes et tirés. Elle avait une maladie de foie, suite des misères d'une vie passée à « *traîner le boulet,* » comme elle disait dans ses moments tragiques.

Le trajet de la prison à la rue Mazarine, où elle

demeurait, fut silencieux. Elle venait d'avoir *des raisons* avec la propriétaire et n'adressa qu'une seule fois la parole à Charlotte pour lui défendre de s'arrêter devant les boutiques illuminées et parées pour l'approche du jour de l'an. Au bout d'une demi-heure, elles arrivèrent à l'une de ces maisons froides et décentes comme une robe de vieille fille pauvre. La voûte d'entrée était basse, et il y avait des commencements de lèpre verdâtre sur les murs. A gauche, à l'entrée, la lueur rouge d'un feu de braise vacillait dans la loge, qui était petite et sombre. La forme naïve d'une marmite se détachait sur le foyer embrasé, et plus loin, dans l'alcôve, on apercevait le lit à demi caché derrière de vieux rideaux jaunes à rosaces rouges. Le ronflement de l'eau, dans l'obscurité, se mêlait au tic-tac d'une vieille pendule d'albâtre.

Charlotte, qui avait eu froid en route, s'approcha du feu et aspira longuement l'air tiède imprégné d'odeur de viande que le ragoût exhalait. Madame Bertault jugea que l'enfant avait besoin d'être secouée et lui demanda si c'était son habitude de rester ainsi les bras croisés. Elle ajouta que le pain coûtait cher et qu'il fallait travailler.

En vertu de ce beau principe, madame Bertault

se fit servir par sa nièce. Dès le premier jour, elle
se débarrassa sur elle de tout le gros de l'ouvrage,
lui fit cirer les souliers, secouer les paillassons,
balayer la cour et le devant de la porte. Elle avait
été usée comme un cheval de manége et par conséquent se plaisait à voir les autres s'user à leur
tour. Charlotte trouvait cela juste, et comme,
malgré ses efforts, elle ne parvenait point à contenter madame Bertault, elle chercha seulement à
éviter les soufflets. A tout prendre, elle ne se trouvait pas plus mal là qu'ailleurs; il lui était à peu
près égal de se débattre avec la pratique ou de
tenir un balai. Même, ouvrage pour ouvrage, elle
préférait le dernier, d'abord parce qu'en balayant
on pouvait regarder à droite et à gauche, et aussi
parce que, sans s'en rendre compte, il lui répu-
gnait de faire payer deux sous au monde ce qui
n'en valait qu'un.

Elle aimait à monter les journaux et les lettres ;
elle savait un peu lire et s'arrêtait à chaque marche
pour épeler les bouts de phrase laissés à découvert par la bande du journal. Cela dura trois
mois; à force de monter quatre-vingt-dix marches
six fois par jour, elle sut lire couramment l'imprimé. Les ouvrages grossiers ne rebutent

qu'autant qu'on craint de se salir. Charlotte, qui
n'avait point des répugnances de petite maîtresse,
y trouva des sujets de distraction et même d'intérêt. Elle regardait volontiers, en écumant le
pot-au-feu, les tourbillons de vapeur blanche qui
s'échappaient par masses lorsqu'elle soulevait le
couvercle de la marmite, et, quand elle revenait
de la cave, elle se retournait pour regarder son
ombre collée au mur, cette grande ombre mince
qui s'allongeait et vacillait, par un effort désespéré, sous la voûte humide. Un esprit actif,
enfermé dans un petit monde, est comme un
prisonnier qui connaît toutes les moisissures
de ses quatre murs. Charlotte remarqua les
mousses, et aussi les insectes de la cave et
des vieilles poutres du grenier; elle fut frappée
de la conformité de ces insectes avec le lieu où ils
vivent. Il y en avait de gris comme la poussière,
d'autres humides et bruns comme un éclat de
pierre détaché du mur. Elle se demanda comment
ils vivent, et ce qu'ils viennent faire au monde.
Cette idée lui vint un jour qu'elle s'amusait à suivre
les efforts d'un scarabée jaunâtre qui gigottait embarrassé entre deux pierres. Il lui semblait voir
un morceau de terre se dégager d'un autre mor-

ceau de terre. « Pourquoi cela a-t-il des yeux et
des pattes ? » se demanda-t-elle. Au bout de cinq
minutes, elle se dit qu'elle ne s'amusait guère plus
que lui, et avait presque le même mal. Beaucoup
de choses remuèrent sourdement dans son esprit,
mais elle ne put les démêler, et resta alourdie dans
ce grand pêle-mêle. Il lui sembla seulement que
cet insecte avait été amené là à peu près comme
elle, et qu'il valait autant chercher la première
chose que la seconde. Elle n'eut plus envie de le
prendre dans sa main, et de le faire monter au
bout d'un bâton comme elle y avait songé d'a-
bord. Puis tout cela s'effaça, et elle alla reprendre
son ouvrage.

II

J'étais resté deux ans sans entendre parler
d'elle, quand je reçus de ses nouvelles par un
camarade d'école. Elle était la maîtresse d'un
homme fort riche, qui l'aimait passionnément et
voulait l'épouser. On ajoutait que Charlotte, n'é-
coutant que son caprice, refusait, et se proposait
de renvoyer son adorateur.

Les femmes assez vaillantes pour lutter avec

simplicité et bravoure font généralement d'excellentes camarades, parce qu'elles sont dépourvues de vanité et d'égoïsme. J'excusai Charlotte, mais j'en voulus à son amant, qui, me l'ayant transformée en femme entretenue, m'avait gâté mon camarade, et par conséquent enlevé mon ami. « Une femme de plus, une artiste de moins, » me disais-je, songeant malgré moi combien les femmes étaient nombreuses et les artistes rares. Sans doute, je l'avais crue faite pour quelque chose de mieux, et je ne pouvais m'empêcher de faire des réflexions amères sur la fragilité des femmes, lorsque je songeais à la chute d'une personne que j'avais jugée supérieure. Mais, après avoir suffisamment haussé les épaules, je trouvai que c'était moi qui avais tort, et non pas elle. Pourquoi la vouloir impeccable parce qu'elle possédait de la hardiesse et du talent? Involontairement, je me représentai le jour de notre dernière entrevue, et le peu qu'il aurait fallu sans doute alors pour la préserver. Quand nous nous trouvons face à face avec la misère, le jugement nous quitte, ou nous transforme en sophistes. A peu d'exceptions près, les plus honnêtes se vendent ou se noient, selon qu'ils rencontrent sur leur route une rivière ou un acheteur. Marché ou suicide, cela s'appelle déshonneur dans la langue des gens convenables. Un bien vilain mot à propos d'une telle personne. Toutefois, je retrouvai mon sang-froid. Les rassasiés seuls m'ayant paru, jusqu'à présent, capables d'abstinence, je ne me crus pas en droit de décider jusqu'à quel point Charlotte avait eu tort d'accepter à manger quand elle avait faim, et j'allai la voir le lendemain de mon retour. Elle pâlit à ma vue.

— « Vous savez ce qui s'est passé ? me demanda-t-elle.

— Oui.

— Reviendrez-vous ?

— Oui.

— Vous êtes encore mon ami ?

— Oui. »

Elle me regarda d'un air étonné, voulut parler et ne put. Il y eut un long silence. Enfin elle me dit : « Merci. Asseyez-vous. Voici des cigares. « Vous pouvez fumer ; cela ne me fait pas de mal. « Tâtez ma main, j'ai envie de guérir. »

On m'avait dit vrai. Elle était riche. Elle vivait seule, indépendante, dans le petit hôtel qu'elle

devait aux libéralités de son amant. Ce pavillon,
dont la façade était à demi cachée par des arbres,
était situé dans un quartier tranquille, entre un
jardin et une cour. Rien d'ailleurs qui attirât les
regards à l'intérieur ni à l'extérieur. Les cham-
bres n'étaient point surchargées de bibelots ni de
meubles, et l'arrangement était élégant sans le
paraître. En revanche, les beaux meubles sculptés,
les tapisseries rares, les belles faïences de la bonne
époque transformaient l'atelier en un petit musée.
Un paysage que Charlotte venait de terminer, re-
posant sur un chevalet, représentait la lisière
d'une forêt en automne. La large route moussue
et éclairée par une lumière tiède était bordée de
hêtres gigantesques dont les racines saillantes
sous un fouillis de végétation fauve ressemblaient
à des pieds de satyre.

Cette fois c'était de la peinture, de la vraie
peinture, et mes yeux allèrent involontairement
du tableau au peintre. Une robe noire très-longue
et boutonnée jusqu'au col l'enveloppait comme
une soutane. Les formes toujours sveltes se dessinaient avec plus d'élégance et de rondeur, dis-
crètement toutefois et avec réserve. Nulle trace
d'amollissement sur sa figure énergique, ni dans

l'éclair de son regard réfléchi et sévère. Elle vit
que j'étais content d'elle et me tendit la belle main
allongée et puissante dont j'ai fait plus tard l'image
en marbre.

« — Maintenant, dit-elle, je vais tout vous
raconter. »

L'histoire de sa chute était courte, et naturellement elle ne chercha point à l'embellir. « Elle
avait su ce qu'elle faisait, en faisant mal. Sa faute
était d'autant plus grave qu'elle ne provenait point
d'une séduction, ni même d'un entraînement pas-
sager, mais d'un simple calcul. On lui avait offert
un avenir, elle avait proposé un marché et stipulé
les conditions d'un bail ; bref, elle s'était vendue
pour un temps déterminé. Son excuse, c'était de
s'être vendue le moins cher possible, et seulement
pour acquérir le droit de suivre son penchant.
Aujourd'hui le bail était terminé, et elle était
libre. »

Je l'avoue, je fus stupéfait par la franchise brutale de cet aveu. Elle s'en aperçut et me dit : —
« Je vous devine ; vous m'en voulez beaucoup
moins de m'être vendue que de m'être vendue avec
prudence ; vous trouvez qu'ayant eu la faiblesse

ou l'audace de mal faire, j'aurais dû le faire sotte-
ment, sans savoir où ce mal me mènerait, c'est-à-
dire en dupe ou en imbécile. Réfléchissez néanmoins. J'ai rencontré un homme qui, pouvant se
faire gratuitement mon bienfaiteur et peut-être
devenir mon ami, a dédaigné ma reconnaissance
et m'a fait payer ses services. Ses bienfaits, je les
aurais acceptés. Je suis une pauvre fille sans éducation, c'est-à-dire sans faux orgueil. Mais il n'a
même pas songé à me les offrir. »

Jusqu'ici, elle avait parlé froidement, sans
amertume, presque en personne étrangère à ce
qu'elle raconte. Mais à cet endroit de son récit,
sa voix naturellement ferme s'altéra et devint faible. Elle s'arrêta un moment, les yeux fixés sur
les rosaces du tapis et le sourcil comme contracté
par un mouvement de colère. Mais elle se remit
bientôt et reprit d'un ton saccadé : — « Tout s'est
décidé pour moi le jour où vous êtes parti pour
Rome. Vous souvenez-vous de notre rencontre
sur le pont des Arts? La faim est mauvaise con-
seillère. J'avais beaucoup souffert, beaucoup travaillé, je manquais de pain, je ne pouvais payer
mon loyer, mes yeux s'usaient, je voyais venir le
jour où l'on me mettrait, comme jadis, à la porte

de la maison. Alors, où aller? La prison, elle ne
s'ouvre que pour les malfaiteurs. Pour s'assurer
un abri, il faut voler. Et je n'étais ni une sotte,
ni une mauvaise femme; et je savais que si Durue,
à ce moment, avait voulu m'aider, j'aurais tout
évité... Tout cela, à le raconter, n'a l'air de rien;
mais quand ces pensées-là vous prennent la nuit,
par le froid, quand on a l'estomac creux et la tête
chaude, on se jetterait volontiers par la fenêtre,
si l'on en avait le courage. Mais on est lâche, le
cœur vous manque. Puis, au moment d'aller se
briser la tête sur le pavé, on recule, on se dit :
« On ne sait ce qui peut arriver, la fortune vient
en dormant », bref, un tas de sottises. Là-dessus
on s'endort, brisée de fatigue, et quand on se
réveille, affamée et gelée, on regarde malgré soi
la porte, on attend un miracle. Et si, par hasard,
quelqu'un frappe, on se croit sauvée et l'on s'empresse d'aller ouvrir. »

Elle avait tout conté, mais sans rien dire de
l'homme dont elle avait partagé la vie pendant un
an. Orgueil ou pudeur, elle avait arrêté son récit au
moment où ce récit devait la représenter libre de
choisir entre l'aisance et la misère.

Je ne connaissais point M. de Cauvières : c'était
le nom de son amant. On le disait fort distingué,
très-homme d'esprit, peut-être un peu excentrique dans ses idées et dans ses mœurs ; en somme,
possédant les qualités et les défauts des gens intelligents qui naissent assez riches pour pouvoir
se passer leurs fantaisies et assez grands seigneurs
pour pouvoir se permettre de vivre à leur guise.
Ses goûts, à la fois sérieux et fins, l'avaient pré-
servé des sottises vulgaires. Il aimait les arts, la
littérature ; il avait beaucoup vu, voyagé, comparé,
et passait pour être l'auteur des jolies études de
mœurs qui parurent jadis dans le journal intitulé,
le Spectator moderne. Tout cela ne constituait
point le premier venu. D'ailleurs, M. de Cauvières
s'était bien conduit envers Charlotte. Sans doute,
il pouvait faire preuve d'un désintéressement plus
complet ; mais la générosité absolue et parfaite se
rencontre rarement. Le cœur se dessèche à mesure
que les yeux s'ouvrent, et l'on craint d'être bon
parce qu'on craint d'être dupe. En somme, si
Charlotte avait été malheureuse, elle n'avait rien
à reprocher à M. de Cauvières ; non-seulement il
l'avait entourée de respect et d'égards, mais il
avait voulu l'épouser. Elle avait dédaigné cette

immense preuve d'amour, et s'était strictement renfermée dans les conditions d'un contrat trop bizarre sans doute pour avoir été pris au sérieux par un homme de cette valeur. Le refus de Charlotte, l'indifférence presque dédaigneuse qu'elle avait opposée à tant de marques d'attachement, l'impossibilité d'assouplir cette rude nature, tout, jusqu'aux progrès qu'il lui avait vu faire en un moment où toute autre femme n'eût guère songé au travail, tout, dis-je, avait dû cruellement blesser son amour-propre. Mais, bien que Charlotte, selon toute apparence, eût continué à l'envisager en ennemi, il n'en avait pas moins pris soin de lui procurer un avenir indépendant et paisible. Le jour de leur séparation définitive, il lui avait fait don du petit hôtel qu'elle habitait et assuré un revenu annuel qui était l'opulence pour une personne habituée à porter des robes dont l'étoffe pouvait valoir cinq francs et à jeûner de deux jours l'un. Elle n'y parut point prendre garde et vécut dans sa maison à peu près comme elle avait vécu dans sa mansarde, c'est-à-dire fort simplement, et ne songeant qu'à son art. En apparence, elle vivait satisfaite. Le but de sa vie semblait atteint depuis qu'elle possédait les moyens de

continuer pacifiquement ses études, de travailler
sans souci du lendemain et, par conséquent, sans
hâte. Elle reprit le dessin qu'elle avait négligé et
se mit à l'œuvre avec un zèle et un acharnement
incroyables. En ce temps-là, je ne l'ai jamais vue
perdre un moment. Par sentiment et par goût,
elle était plutôt paysagiste; mais, dans l'intervalle,
et tandis qu'elle causait, elle s'amusait à faire de
petites pochades à l'aquarelle. On y sentait l'étude
des maîtres, surtout des maîtres espagnols. Elle
saisissait d'emblée la valeur de l'attitude et l'importance du geste; néanmoins, par son talent pour
le paysage, elle se rapprochait plutôt des Fla-
mands, dont elle aimait passionnément la manière.
En ce genre, son maître préféré était Jacques Ruys-
daël. « C'est l'homme fait paysage, » disait-elle,
voulant sans doute faire entendre par là que l'étude
et la représentation de la nature inanimée n'inté-
ressent qu'à condition de traduire un sentiment
particulier et personnel.

Souvent, elle me demandait de l'accompagner
dans les courses qu'elle faisait aux environs de
Paris, afin d'y recueillir des sujets d'étude. Je lui
plaisais, parce qu'elle me savait tout dévoué à

mon art et, par conséquent, incapable d'embarrasser ma vie d'une passion différente. Quelquefois, elle me regardait en riant. « — Vous êtes bien l'ami qu'il me faut, disait-elle, et nous aurions dû naître frère et sœur. »

Elle disait vrai. Les amis ne m'ont point manqué, mais je n'ai jamais mieux connu qu'avec Charlotte le plaisir de ce que les artistes appellent « la camaraderie. » Sans doute, je vivais en artiste parisien et non en ermite, mais, à cela près, j'avais pris soin, comme Charlotte, d'éviter toute préoccupation inutile et, par conséquent, incompatible avec les exigences du travail. Une pareille similitude de penchants et d'efforts crée des liens durables et d'une grande force entre un homme et une femme qui s'estiment mutuellement, et sont au-dessus de tout sentiment de jalousie vulgaire. Les scrupules mesquins s'effacent; on partage ce plaisir singulier et ineffable d'aimer quelque chose qui n'est point à la portée de tous, et l'on croit planer dans l'air parce qu'on entend patauger au-dessous de soi.

Les promenades dont je parlais tout à l'heure venaient encore affermir cette intimité intellectuelle. Les goûts se modifient et changent selon l'impulsion des circonstances, et le genre de développement que la vie nous imprime. Charlotte subissait encore, à cette époque, les effets d'une jeunesse très-comprimée et très-triste. Elle détestait les sommets, les lieux vastes; bref, tout ce qui disperse l'attention et inspire le goût des rêveries stériles. En revanche, elle aimait les lieux resserrés, où la nature concentrée en un tout petit cadre semble vouloir se mettre au niveau de l'homme. L'aspect de la mer la laissait froide; mais son beau visage sérieux s'animait et prenait une expression plus douce quand nous quittions la grande route pour nous enfoncer dans les profondeurs d'un petit bois ombreux et tiède. Les bavards profitent peu de ce qu'ils voient. D'ordinaire, nous ne causions guère, et nous nous bornions à regarder et à travailler. J'ai passé des demi-journées auprès de Charlotte sans échanger une parole avec elle. Le plus souvent, elle semblait avoir oublié que j'étais là.

Quelquefois, néanmoins, elle m'adressait, à brûle-pourpoint, des questions singulières. Je me rappellerai toujours certaine soirée d'automne, où, pour la première fois, elle me parut préoccupée d'une question étrangère à son travail. Nous

avions passé une partie de la journée à errer parmi
les jolies collines revêtues de bruyères qui dominent la vallée de Chevreuse. Vers le soir, le hasard
nous amena sur les bords d'un étang placé au
bout d'un village. L'eau, colorée par les reflets
d'un ciel rougeâtre, tremblotait doucement entre
de grands peupliers, et leurs feuilles, qui commençaient à jaunir, jonchaient le sol moussu et un
peu humide. La grâce mélancolique de ce petit
tableau nous frappa l'un et l'autre, et Charlotte
me fit signe de venir m'asseoir auprès d'elle sur
un tronc d'arbre coupé. La soirée était belle; les
jardinets des chaumières environnantes exha-
laient des senteurs tièdes et la lune, qui montait
lentement derrière les arbres, découpait son
éblouissante faucille au-dessus des hauteurs déjà
noyées d'ombre. Involontairement, je regardai
Charlotte, qui sortit de sa rêverie et attacha sur
moi ses grands yeux veloutés et expressifs.

— «Est-ce que *cela* vous fait quelque chose?»
me demanda-t-elle.

Le sens de sa pensée m'échappait. Elle s'en
aperçut, et reprit :

— «Sans doute, je m'explique mal. Je ne songeais point, pour le moment, à la peinture, mais

à ce qu'on est convenu d'appeler l'amour. Je n'y crois pas, pour mon compte, et vous ? »

Son accent était sec, bref, un peu moqueur.

« Les femmes, pensai-je, font de la sensibilité à propos de tout. » Je fus vivement tenté d'envoyer Charlotte au diable ; puis, réflexion faite, je trouvai qu'il fallait répondre simplement à une question torse.

— « L'amour, lui dis-je, c'est un grand mot inventé pour exprimer une petite chose. Voilà tout ce que je trouve à lui reprocher ; mais, certainement, il signifie quelque chose. Encore une fois, c'est là une simple question de mots. Pourquoi ces subtilités, ma chère ? Nous avons, vous et moi, connu des gens qui s'aimaient et étaient heureux de s'aimer. Ces faits donnés, on ne saurait raisonnablement nier l'amour. L'important, ce me semble, c'est de ne pas vouloir, d'une part, faire intervenir le Ciel dans une opération humaine, ni, de l'autre, chercher à déprécier ce qui a fait tant d'heureux. Nous ne saurions chanter le *Lac* de Lamartine. Très-bien ; qui nous y force ? Mais, si nous manquons de voix pour réciter des odes, pourquoi imiter le renard de la fable ? Non, Charlotte, l'amour n'est point de la *blague*, comme nous disons, nous autres artistes. Le ridicule et l'erreur consistent dans l'importance morale que certaines gens lui attribuent, comme dans l'espèce de mérite qu'ils recherchent à paraître pratiquer mieux que personne ce que chacun, tout compte fait, pratique de même. »

Charlotte haussa dédaigneusement les épaules, et se mit à rire.

— « En d'autres termes, fit-elle, l'amour est une chanson que chacun chante sur un air différent, mais dont le refrain ne varie point. »

III

Elle ne revint plus là-dessus, mais, à partir de là, un changement se fit en elle. Ses manières s'adoucirent; elle devint moins exclusive et parut, par moments, s'intéresser à autre chose qu'à la peinture. Quoi qu'on en dise, on acquiert aisément un nom à Paris quand on possède un vrai talent. Le grand paysage dont il a été question fut très-remarqué au Salon et provoqua plusieurs articles dont les auteurs n'hésitaient point à placer

Charlotte parmi nos meilleurs paysagistes modernes. L'intérêt redoubla lorsqu'on apprit que
l'artiste distingué qui maniait le pinceau d'une
façon si originale et si mâle était une femme
jeune et belle. On se souvint alors des croquis
publiés jadis par Durue. Les exagérations s'en
mêlèrent, et des gens qui ne se fussent pas retour-
nés pour regarder Charlotte à l'époque où celle-ci
travaillait pour vivre, déclarèrent qu'ils avaient
été les premiers à signaler son talent à l'attention
générale. Une femme ainsi placée pouvait aisément se composer une cour. Mais Charlotte aimait
trop le travail pour perdre son temps avec les
oisifs et les bavards.

En dehors de moi, elle voyait des peintres, des
écrivains, quelques journalistes. Leur conversation lui ouvrit des aperçus nouveaux sur le monde
et sur les choses. Le degré d'instruction qu'elle y
gagna communiqua de la douceur à ses manières.
Elle devint moins absorbée, moins exclusive, en
un mot, moins sauvage. Sans trop se détourner
encore de son art, elle crut comprendre qu'il n'en
fallait point dénaturer le but par des habitudes
d'esprit trop étroites. Elle en arriva à se dire qu'en
fait de talent, l'instrument importe peu ; que, sur-

tout de nos jours, les gens qui écrivent et ceux
qui peignent sont souvent frères par la pensée ;
que le principal est d'avoir des idées et du talent ;
qu'en résumé tous les arts se tiennent et que l'é-
tude des uns peut faciliter celle des autres. Comme
je l'ai dit plus haut, ces dispositions d'esprit
réagissaient non-seulement sur son travail, mais
sur sa conduite. Ses façons s'assouplirent, son
langage devint moins brusque ; enfin, elle parut
quelquefois s'apercevoir qu'elle était femme, et
prendre plaisir à l'être.

Le soir, elle lisait, ou recevait des visites. Je
ne lui ai jamais connu la prétention d'avoir ce qui
s'appelle « un salon. » Toutefois elle n'était point
insensible à l'intérêt des gens dans lesquels elle
devinait des admirateurs intelligents et sincères.
Elle leur laissait volontiers la parole et se mêlait
rarement de l'entretien si l'on y soulevait des
questions étrangères à la peinture ; mais les petits
caquetages puérils lui déplaisaient, et elle souriait
froidement si, par hasard, on s'avisait d'attaquer
un absent ou de montrer trop bonne opinion de
soi-même. Avant tout, elle prétendait être traitée
sinon en reine, du moins en femme qui n'a jamais

24.

failli. C'était se montrer bien exigeante, et surtout bien peu judicieuse. Évidemment on lui faisait la cour pour sa beauté tout autant que pour son talent, et, de tous les hommes qui allaient là, j'étais sans doute le seul qui l'aimât d'une façon désintéressée et sincère. Au reste, on osait plus parce qu'on la voyait se détendre. En même temps que sa raideur naturelle se dissipait, son zèle pour le travail paraissait s'amoindrir; elle s'amusait maintenant à faire de la toilette, à inventer des coiffures. Mais ces petits soins, si chers à la plupart des femmes, ne parvenaient point à l'égayer. S'ennuyait-elle? Désirait-elle d'autres émotions, d'autres sentiments, un genre de vie différent de celui qu'elle devait à son talent et à son caractère? Quoi qu'il en fût, ce talent demeurait stationnaire et ce caractère paraissait s'amollir. Contrairement au passé, elle prêtait volontiers l'oreille aux bruits du monde, elle écoutait avec avidité ce qui se disait à propos des femmes qui figurent sur ce théâtre. Mais le plus souvent je la trouvais triste, sombre, concentrée en elle-même, incapable de tout effort de volonté soutenu. L'idée de la mort m'est familière, et me laisse à peu près indifférent. Mais je ne puis voir sans souffrir l'amoindrissement du talent ou le déclin des forces morales chez une créature d'ailleurs saine. Je crus devoir avertir Charlotte, qui m'écouta avec indifférence. Ce calme m'irrita et m'arracha des paroles dures. Un mouvement inexplicable, et que je ne cesserai de me reprocher, me poussa, j'ignore comment, à faire allusion à son passé. La colère me prit, et je fus assez fou pour lui représenter l'importance d'un sacrifice dont je n'avais point à lui demander compte ; je lui fis entendre que les efforts de l'artiste passionnée et sérieuse pouvaient seuls me faire oublier les égarements de la femme. Certes, j'étais non-seulement indiscret, mais brutal. Elle resta muette. Tout à coup je m'aperçus qu'elle pleurait. Ces larmes, les premières que je lui voyais verser, me touchèrent profondément. Je compris que j'avais été lâche et cruel. D'un mouvement spontané, je me précipitai vers elle et lui demandai pardon. Elle releva ses yeux baissés et me regarda tristement. Mais elle ne songea point à se défendre.

Plus elle avançait sur la route, plus elle sentait le besoin de s'instruire, de comprendre le pourquoi des choses. Elle n'en était point encore à l'âge où l'on reconnaît la vanité de ces recherches et l'éternelle inutilité des réflexions qu'elles suggèrent. Elle travaillait moins, mais elle pensait davantage, et l'espèce d'arrêt qui s'était fait dans les progrès de l'artiste semblait profiter au développement intellectuel de la femme. Au reste, si son talent perdait en force, il gagnait en finesse et en grâce. On eût dit qu'ayant conscience d'avoir pratiqué jusque-là son art d'une façon absolue et presque brutale, elle eût à cœur de franchir le cercle d'idées un peu étroit où les circonstances l'avaient tenue enfermée.

Quoi qu'il en soit, une créature jeune et forte ne se raffine point impunément. Ce nouveau mode de vie réagissait sur sa santé. Sa figure devint plus pâle, ses yeux se cernèrent; elle perdit la première fraîcheur de la jeunesse et gagna, en revanche, une sorte de grâce mélancolique et languissante, qui venait adoucir l'expression sérieuse de sa physionomie et la faisait ressembler à une fleur malade.

Chose bizarre, ce changement me gêna; je me sentais comme embarrassé auprès d'elle. Ce sentiment de contrainte ne pouvait lui échapper. Un jour, elle y fit allusion :

— « J'ai remarqué, me dit-elle, que vous ne mentiez jamais. Bien mieux, vous êtes incapable de vous donner le change sur vos sentiments personnels. Sans doute, vous pouvez vous tromper comme tout autre, mais c'est involontairement et sans calcul. »

Qu'y avait-il d'extraordinaire dans ces paroles et de particulièrement applicable au caractère de nos relations mutuelles? Quoi qu'il en fût, ces paroles me troublèrent profondément. Mille circonstances, qui, d'abord, m'avaient paru insignifiantes, se représentèrent en foule devant mon esprit. Je m'efforçai de douter; je voulus mettre certains mouvements de jalousie sur le compte d'un intérêt fraternel, mais les faits me donnaient tort. Tout s'éclaircissait d'emblée à mes yeux. Ce long et cher passé de camaraderie, auquel nous devions des moments si doux, venait de se rompre. Une seconde fois, l'ami s'évanouissait devant la femme, et l'âme devant la forme.

M'aimait-elle? Étais-je moi-même sûr de l'aimer? Un fait certain, c'est que, ne pouvant ni ne voulant faire d'elle ma femme, je ne voulais pas qu'elle devînt ma maîtresse. La banalité du sentiment qui pouvait me la livrer m'effraya. Trois jours entiers, je m'abstins d'aller la voir; mais, le quatrième, n'y tenant plus, je retournai chez elle; elle n'était pas seule. La conversation paraissait fort gaie, et les hommes qui l'entouraient l'accablaient de plaisanteries, plus ou moins spirituelles, sur ce qu'ils appelaient sa froideur. Sans doute, sa réserve actuelle pouvait surprendre ceux qui connaissaient l'origine de sa fortune. D'abord, elle essaya de prendre les choses en riant, mais les quolibets ne firent qu'augmenter. Bientôt le ton de la conversation devint intolérable. Elle fronça impérieusement le sourcil et, d'un geste, fit comprendre que l'on était allé trop loin.

Tous se turent, stupéfaits par la hauteur de son attitude, puis, le silence rétabli, elle lança autour d'elle un regard railleur:

— « Avez-vous fini ? s'écria-t-elle. Me laisserez-vous parler à mon tour ? Ou bien les femmes de ma sorte ne méritent-elles pas d'être écoutées ? Ne vous récriez pas, je vous devine. Pour vous, une femme qui a commis une faute, fût-elle unique, est une femme tombée... dans le domaine public, et qui, par conséquent, se doit à tous... Comme moi, par exemple ; car, cette faute, je l'ai commise. Oui, j'ai vendu ma jeunesse ! oui, j'ai battu monnaie avec ma beauté! Et ce toit qui m'abrite, ce logis où vous venez rire, tout cela représente mon infamie, mon infamie à moi, Charlotte Lefèvre. Mais cette infamie, puisque c'en est une, je vous conteste le droit de me la reprocher. Ce que j'ai fait, je ne l'ai fait ni poussée par le besoin du luxe, ni par la force d'un entraînement banal... J'aurais bien voulu vous voir à ma place... Coûte que coûte, j'ai voulu vivre, et comme cela ne se pouvait qu'au prix d'un sacrifice, du sacrifice de ma personne, j'ai accompli ce sacrifice, j'ai sacrifié ma personne, qui était ma dernière ressource. Je me trompais peut-être, ces sortes de taches ne s'effaçant point. Mais, si je ne pouvais réparer la faute, j'ai, du moins, voulu recueillir le prix de la faute, arriver au talent, réussir à me prouver à moi-même que je n'étais pas la première venue, que je méritais encore le respect, et que, rentrée dans la voie ordinaire de l'effort et du travail, personne n'aurait, désormais, le droit de me jeter à la face une insulte... Cela, j'y suis parvenue, et le reste me regarde seule... »

Ses yeux sombres étincelaient ; sa voix mâle et audacieuse tremblait de colère. Je la regardai, et

nos regards se croisèrent. Tout à coup elle détacha
ses yeux des miens et partit d'un éclat de rire ironique. — « Une statue, reprit-elle, me voilà donc
passée à l'état de statue, parce que je ne me sou-
cie point d'accepter les hommages de ces mes-
sieurs ! Comme si j'étais tenue de rendre compte
de mes sentiments secrets et de faire publique-
ment la confidence de ce qui se passe au-dedans
de moi-même... »

Elle s'était tournée vers moi, m'enveloppant
d'un de ces regards qui fixent une destinée et dé-
truisent les projets les plus sages. Ce soir-là, je
fus des premiers à prendre congé de Charlotte.
Mais ce fut pour épier le moment où elle serait
seule. Le dernier de ses visiteurs parti, j'allai la
retrouver dans le désordre de son atelier redevenu
tranquille. Elle était étendue sur un fauteuil et
paraissait profondément lasse. Mais dès qu'elle
m'aperçut, elle bondit de son siége et se précipita
dans mes bras.

— « Je t'attendais, » me dit-elle.

IV

Notre bonheur fut court.

Charlotte l'avait dit; certaines taches sont ineffaçables.

Les misères du passé ne tardèrent pas à rejaillir sur nous, et notre liaison fut ce qu'elle devait et pouvait être dans les conditions où nous nous trouvions placés vis-à-vis l'un de l'autre. Jalousies, méfiances, malentendus, tout se réunissait pour la transformer en un supplice d'autant plus cruel que nous ne nous sentions pas le courage de nous y soustraire par une rupture.

J'en conviens, j'eus les premiers torts; j'oubliai que Charlotte était incapable de mentir, que pour être heureux avec elle, il fallait à tout prix me fier à elle. Mais la passion ne raisonne point. La mienne me rendit puéril et égoïste. Je profitai de la tendresse de Charlotte pour lui demander des sacrifices absurdes, j'exigeai qu'elle brisât avec toutes ses anciennes relations, je pris soin de la brouiller avec tous ses amis; bref, je méconnus ses intérêts, et, ayant ainsi réussi à créer le vide autour d'elle, comme autour de moi-même, je la fatiguai par un espionnage pénible et des soupçons injustes. Mon grand tort était d'oublier qu'é-tant artiste j'aimais une artiste, et que le talent, comme l'amour, peut se comparer à une plante, qui ne saurait prospérer et fleurir privée de soleil et d'air.

D'autres misères amenèrent des choses plus graves. Quelque partagée que soit la tendresse, la partie demeure toujours inégale entre une femme distinguée qui se donne par amour et un homme qui accepte cet amour sans vouloir ni pouvoir le payer d'un sacrifice. L'origine de la fortune de Charlotte, l'impossibilité de suppléer à cette fortune par les maigres ressources qui constituaient mon avoir, tout devait écarter l'idée d'un mariage impossible. Sans doute, Charlotte était le désintéressement même. Mais elle avait l'orgueil des gens qui refusent de se plier à la règle, parce qu'ils se sentent supérieurs. Par son talent comme par sa valeur personnelle, elle croyait peut-être pouvoir prétendre à une exception inadmissible. Les femmes de cette trempe veulent tout ou rien. Celle-ci m'eût sans doute dédaigneusement refusé si j'avais eu l'hypocrisie ou le courage de mettre sa générosité à l'épreuve. Mais, me voyant incapable de lui sacrifier mon honneur, elle soupçonna la sincérité de mon affection et de mon estime. Son amour-propre blessé se redressa, des silences provoqués par une aigreur comprimée et par une irritation sourde vinrent précéder ces scènes lamentables où toute dignité échoue et dans lesquelles deux êtres qui se sont passionnément aimés et n'ont peut-être pas cessé de s'aimer, s'avilissent eux-mêmes et ne craignent point d'avilir jusqu'au souvenir du bonheur passé.

La tendresse la plus vive, l'affection la mieux enracinée et la plus puissante ne sauraient résister longtemps à ces crises affreuses qui ne cessent que pour renaître; la vie, empoisonnée par la lutte, se transforme en un supplice perpétuel, et le mien était encore accru par les sollicitations de ma famille, qui maudissait ma liaison avec Charlotte et l'envisageait, non sans motif, comme un obstacle à un établissement avantageux et honorable.

Chose plus douloureuse : notre talent, qui n'était plus soutenu par l'effort d'une volonté énergique, menaçait de sombrer avec le reste. Le dernier prestige qui nous unissait encore s'en allait de jour en jour, et nous redevenions l'un pour l'autre des gens ordinaires qui vivent ensemble, parce qu'ils ne peuvent se quitter sans déchirement ni sans scandale.

La santé de Charlotte, l'état de langueur où je la voyais plongée, venaient d'ailleurs s'opposer à tout projet de rupture définitive. Non pas qu'elle se plaignît; mais ses forces diminuaient, et elle dépérissait à vue d'œil. Son état de souffrance ranima toute mon ancienne tendresse pour elle. Je craignis de la perdre; mais les médecins me rassurèrent. Ils ne virent rien de bien grave dans son état, et conseillèrent simplement un changement d'air.

Les malades sont capricieux, et Charlotte ne voulut entendre parler de quitter sa maison qu'à condition d'aller retrouver les endroits où nous nous promenions jadis. Avant tout, elle voulait revoir le petit pays qui, cinq ans auparavant, avait été témoin de nos divagations sur l'amour. Je m'empressai de l'y conduire; et, de sa maison située à mi-côte, des fenêtres mêmes de sa chambre, elle pouvait apercevoir l'eau frissonnante de l'étang auprès duquel nous nous étions reposés un soir. Malgré mes prières, et malgré la recommandation expresse du docteur, qui lui défendait avant tout de s'exposer à l'air humide, ce lieu était devenu le but favori de ses promenades. Un jour, ayant été forcé de m'absenter, je la retrouvai immobile à la place où je l'avais quittée le matin. Dès qu'elle m'aperçut, elle fit un effort pour se lever. Mais ses forces la trahirent, et elle retomba sur le banc, défaillante. Je me précipitai vers elle ; je voulus la gronder. Mais l'expression douloureuse de sa figure m'arrêta. Je ne pus que jeter mes bras autour d'elle et l'embrasser.

« — Tu ne voudras donc jamais te soigner, devenir raisonnable ! » m'écriai-je, le cœur serré par l'angoisse.

Elle essaya de sourire, mais ses traits s'altérèrent, et elle porta vivement la main à sa poitrine, comme pour y refouler le sanglot qui allait en sortir. Pourtant ses yeux restèrent secs.

« — Regarde-moi, dit-elle, crois-tu sérieusement qu'avec ce visage-là, je puisse guérir ? »

Elle serrait convulsivement ma main, et dardait sur moi l'éclair de ses grands yeux encore agrandis par la fièvre.

25.

Un frisson me saisit; je compris qu'elle était perdue.

« — Ce n'est qu'une question de temps, reprit-elle, l'affaire de quelques jours. Il y a longtemps que je suis prise, mon pauvre ami. Mon mal date de loin. J'ai trop peiné, trop souffert. De telles émotions vous brisent, et pour y résister, il aurait fallu être une mauvaise femme. Et, tu le sais, je ne suis point une mauvaise femme. J'ai traîné longtemps, mais maintenant je sens que cela ira vite. Rassure-toi, je n'ai rien fait pour me tuer. Maintenant, le mal donné, j'avoue que je n'ai rien fait non plus pour l'arrêter. Crois-moi, cela valait mieux ainsi. Une fois qu'on se sépare, il n'est pas aisé de se rejoindre. Nous, pour nous rejoindre, il fallait revenir ici, à cette petite place où j'ai découvert que je t'aimais, et où je ne reviendrai probablement plus. Ne pleure pas. On ne mène pas les événements, les événements nous mènent. Je sais cela, je l'ai appris à mes dépens. Aussi je ne te fais aucun reproche. C'était à moi de partir. Un peu plus, je devenais pour toi un obstacle pour toute ta vie. Tu n'as pas l'énergie qu'il faut pour dominer les circonstances et t'imposer à ceux qui t'entourent. Il aut suivre la route ordinaire, te rendre heureux à ta manière. Moi partie, tu retrouveras ton talent, ta famille, ta fortune, tout ce que j'ai failli t'enlever... »

Elle s'arrêta, voyant qu'elle me brisait le cœur; puis, ayant passé son bras sous le mien, elle se leva et regarda une dernière fois le petit tableau champêtre dans lequel le passé ressuscitait devant elle, peuplé de son cortége d'espérances menteuses. Elle vécut encore huit jours.

PATRIOTE ITALIENNE

———

Quand je vis pour la première fois Rome, il y a un peu plus de trois ans, je n'y trouvai pas tout d'abord l'Italie que j'avais rêvée. Je visitai, comme et avec tout le monde, de beaux musées, des monuments imposants, des ruines colossales ; j'assistai à des offices pompeux, je fis connaissance avec des églises magnifiques. Je vis même des *pifferari* jouant de la cornemuse et des paysannes de la campagne romaine taillées sur le modèle de celles qu'on rencontre dans les ateliers parisiens. Mais je vis surtout des Anglais, des Allemands, des Américains, c'est-à-dire tout ce que je n'étais point venu voir. Sans cesse le voile d'une miss anglaise ou le dos d'un archéologue venait se placer entre moi et l'objet que j'essayais de contempler. Le voisinage des dieux, fussent-ils pétrifiés comme ceux qui logent au Vatican, est désavantageux aux gens du Nord. J'essayai de les fuir en me réfugiant sur les hauteurs du Pincio, ou dans quelque coin solitaire des jardins Borghèse. Là, la vision délicieuse de l'Italie du seizième siècle m'apparaissait mêlée au paysage comme une image de déesse sur un tableau de l'Albane. L'espace s'emplissait d'allégories, de scènes riantes; sous ce ciel d'un bleu profond, à l'ombre veloutée du noir feuillage méridional, au bord des vieilles fontaines, parmi le murmure des eaux jaillissantes et la divine pâleur des marbres, je reconnaissais la patrie du Tasse et de l'Arioste, je croyais voir scintiller le casque de Bradamante, et s'agiter la baguette magique d'Armide.

Les enchantements que cette baguette opérait sur mon esprit ne furent pas de longue durée. Le mal tenace qui m'avait arraché à mon foyer vint de nouveau me ressaisir et m'arracher à l'Italie idéale que je venais d'entrevoir. La vie de malade est triste partout. Elle est affreuse dans un pays où le riant et tenace soleil semble narguer vos souffrances, et vous fait songer à ces amis robustes qui, se portant toujours bien, ne peuvent comprendre que vous soyez malade. Je pris mon mal en patience, j'essayai de retenir un bout de l'Italie entrevue, en prenant des notes et en esquissant des articles. L'absence du sentiment religieux, la prétendue légèreté d'un peuple qu'en résumé je ne connaissais guère, étaient prouvées par une suite de petits faits et de petites scènes également destinés à éblouir le lecteur et à le convaincre. A l'Italie idéale dont l'image restait reléguée sous les bosquets des jardins Borghèse, avait peu à peu succédé une Italie vulgaire, celle que tout le monde a cru pouvoir juger ou dépeindre après l'avoir parcourue pendant six semaines. J'étais de très-bonne foi en agissant selon les préceptes d'une méthode actuellement en vogue, et dont l'emploi accuse de hautes prétentions philosophiques. Mais je compris toute la puérilité du procédé dont il s'agit le jour où ma bonne étoile me rapprocha de l'Italie moderne en m'introduisant dans la noble et charmante famille où je devais connaître la marquise Tanari.

I

Cette famille, l'une des plus anciennes et des plus illustres de Bologne, était celle du comte Malvezzi de Medici, sénateur du royaume et fils de cette spirituelle comtesse Malvezzi qui fut la contemporaine du poëte Leopardi, et a laissé de si intéressants souvenirs dans l'ancienne ville universitaire. Toute l'Europe cultivée, lettrée et savante, c'est-à-dire intelligente et libérale, a passé par les salons des deux doctes et séduisantes personnes dont l'une fut la mère du comte Malvezzi, et l'autre celle de la comtesse sa femme.

La marquise Tanari, mère de la comtesse Malvezzi, conserva jusqu'à sa fin les traces d'une beauté remarquable. Elle avait non-seulement ce grand air particulier aux femmes de l'aristocratie italienne, mais le maintien tout ensemble calme et digne que l'on remarque chez la plupart des personnes qui, n'ayant pas fait de leur vie le but de la recherche du bonheur, le rencontrent en s'employant à celui des autres. « Ma grand-mère est la plus jeune de nous tous, » disait d'elle son petit-fils. Il voulait faire entendre par là qu'elle possédait cette foi, cette générosité, cette bonté foncières qui repoussent toute doctrine pessimiste comme impie, et ne se montrait nullement hostile à des idées nécessairement nées du cours des choses.

Dès 1831, le grand agitateur Mazzini la citait au nombre des femmes les plus libérales d'une nation d'ailleurs disposée à confondre ce qu'elle juge indispensable au bonheur des hommes et à la dignité du citoyen. On a beaucoup abusé, ce me semble, du mot de patriotisme, comme on abuse généralement des mots inventés pour définir des sentiments un peu vagues. Celui-ci représente un composé de sentiments parfois puérils, le plus souvent sérieux et respectables. On aime généralement son pays parce qu'on le juge supérieur à tel autre; on s'enorgueillit de lui appartenir parce qu'on le croit ou le plus fort, ou le plus riche, ou le plus abondamment pourvu de grands hommes. Ce genre de patriotisme a ses inconvénients comme il a ses avantages. Il peut, à un moment donné, provoquer des actes d'héroïsme et créer d'immenses ressources. D'autre part, il court risque de s'affaiblir, quand le pays est affaibli et malade. L'orgueil national résiste rarement aux revers et aux malheurs. L'aliment manquant, les forces manquent ; le patriotisme, réduit à une question de vanité et d'amour-propre, devient de l'esprit de parti, et va se réfugier dans l'égoïsme. Mais le danger cesse quand l'orgueil national s'appuie, comme cela arrive de nos jours en Italie, sur le légitime besoin d'acquérir ou de conserver les libertés indispensables à la dignité de l'homme et à son développement moral. Un patriotisme ainsi compris contribue tout à la fois à l'affermissement du principe démocratique et à la réforme des mœurs. La grande erreur des moralistes, c'est de vouloir modeler une nation sur une autre, imitant en cela ces parents d'intelligence étroite qui ne tiennent point compte des dispositions de leurs enfants et exigent qu'ils leur ressemblent. Un Italien demeurera probablement très-froid devant les démonstrations d'un monsieur qui cherchera à lui prouver que le travail est préférable à l'oisiveté, mais d'autre part l'Italien le plus amoureux du *far niente*, comprendra la nécessité de soumettre ses penchants à l'intérêt général. Il faut connaître la vie et les habitudes italiennes pour savoir combien il en coûte de travailler en un pays où l'on vivait jadis de très-peu de chose. Je connais pourtant un Italien qui, jeune, riche, brillant, par conséquent indépendant et libre de vivre à sa guise, sacrifie ses goûts et consacre son temps au rétablissement d'une institution utile, et qui allait tomber faute d'une main ferme pour la relever et pour la soutenir. Un autre, non moins jeune, mais pauvre, a épousé la veuve d'un homme qui a succombé dans une lutte contre les soldats du pape. La femme est laide, elle a dix à douze ans de plus que son second mari, elle est entrée chez lui les mains vides, lui apportant pour toute dot trois petits enfants nés de son premier mariage. Il y avait là de quoi effrayer tout homme sensé. Celui-ci n'était que sublime. L'abandon, la misère d'une honnête femme dont le mari avait payé de sa vie sa fidélité à ses principes, éveilla chez lui le désir de se dévouer à son tour. Il ne recula point devant l'aridité de la tâche. Il se fit le soutien de cette femme, il devint le père de ses enfants, et n'ayant plus à se faire tuer pour son pays, il s'efforce maintenant de lui payer sa dette d'une autre manière.

On est généreux, parce qu'on sait placer les
intérêts généraux au-dessus des intérêts privés.
Je causais d'une proposition d'impôts sur les con-
trats de vente et autres actes notariés avec un
gentilhomme riche. Naturellement ce projet de
loi avait été vivement discuté. Mon interlocuteur
l'approuvait. « Je suis pour cet impôt, me dit-
« il, car il n'attaque que ceux qui possèdent. Le
« pauvre ne fait point d'actes notariés; et je
« suis pour les impôts qui mettent de l'argent
« dans le coffre de l'État, sans nuire aux intérêts
« du pauvre. »

II

Il y a alliance entre le noble et le bourgeois,
entre le riche et le pauvre. J'ai parlé de la générosité, de l'indulgence sans bornes qui caracté-
risaient les croyances et les actions de la marquise
Tanari. Pourtant son enfance fut loin d'être gaie.
L'esprit clérical de sa mère, type de la grande
dame de province qui vit ensevelie dans l'étroi-
tesse des préjugés de caste, et préfère par conséquent ses garçons à ses filles, devait la froisser
vivement. La petite notice dans laquelle une main

pieuse a retracé les principaux événements d'une vie de dévouement et de travail, manque de détails sur les premières années de la marquise. Mais il est permis de croire que l'intérieur qu'elle dépeignit dans un petit roman intitulé : *la Povera Lisa*, ressemble à celui de ses parents. En Italie comme ailleurs l'étiquette, les mœurs du temps mettaient, surtout dans les familles nobles, une grande distance entre les parents et les enfants. Pas de mots tendres, point de caresses. Il leur était absolument défendu de parler les premiers. Les gestes devaient être compassés, roides. La moindre négligence entraînait des punitions sévères, et telle petite fille qui plus tard devait commander en reine dans un palais historique, mangea plusieurs jours son pain sec parce qu'elle avait eu le malheur de tacher sa robe.

Ces procédés d'éducation, qui achevaient d'annuler les âmes molles, réussissaient généralement chez les natures assez fortes pour résister à un régime sévère. L'enfance moins souriante faisait l'avenir moins sombre, l'école de la vie commençant de bonne heure, on s'habituait à s'aguerrir contre la souffrance, on devenait non-seulement brave, mais digne. Mieux, on jugeait des souffrances du prochain par ce qu'on avait souffert soi-même, et l'on se rendait compte des humiliations qui remplissent la vie des inférieurs par celles qu'on avait dû subir avant d'être placé de façon à commander. Le sentiment du patriotisme, la sainte communauté d'intérêts qui s'établit entre le patricien opprimé par l'étranger et le roturier opprimé par l'étranger, faisaient des frères d'armes de deux hommes de conditions bien différentes, des alliées et quelquefois des sœurs de la maîtresse et de la servante. On pouvait et l'on devait attacher quelque importance à l'antiquité d'un blason dont l'origine était ancienne ; mais on se rappelait surtout l'illustration de sa race, quand on voyait une partie de la patrie soumise au sceptre autrichien, et l'autre livrée au despotisme du gouvernement clérical.

J'ai parlé de l'enfance de la marquise. Je suppose que sa première jeunesse ne fut guère plus heureuse. La comtesse Fava Ghisiglieri, mère de la future marquise Tanari, mourut fort jeune, laissant sa fille, à peine âgée de huit ans, aux soins d'une sorte de gouvernante qui, par bonheur, se trouvait être une femme dévouée. La jeune fille n'avait point seize ans lorsqu'on la maria au marquis Tanari. Elle passa alors d'une vie de recluse à la vie opulente et brillante à laquelle tout lui permettait de prétendre. Mais les distractions de sa vie de jeune mariée et de jeune mère ne pouvaient lui suffire. Elle avait appris le latin en assistant à la leçon de ses frères; elle savait le français, l'allemand; elle voulut apprendre la musique et le dessin. Sa voix était délicieuse, un contralto d'un timbre et d'une puissance rares. Elle devint bonne musicienne : mais son goût et ses aptitudes pour le dessin surpassaient encore ses dispositions pour la musique. Elle ne tarda point à acquérir un vrai talent de peintre. Tout en travaillant sans relâche, tout en employant utilement les moments que la plupart des jeunes femmes consacrent aux occupations frivoles, celle-ci trouvait encore moyen de broder, de lire. Elle semblait s'intéresser de préférence aux questions les plus sérieuses, s'occupait de pédagogie, de philosophie, de littérature. Je reviendrai sur les circonstances qui plus tard et sous un autre gouvernement lui valurent la charge d'inspectrice générale des écoles laïques de femmes. Pour le présent, sa jeunesse, son esprit, sa beauté, et plus que tout cela peut-être, la généreuse ardeur

du patriotisme le plus sincère faisaient d'elle
l'idole des hommes les plus distingués et les plus
célèbres. Ce patriotisme ne se révélait ni par des
phrases creuses, ni par des traits emphatiques.
Les jours où la patrie fut le plus en danger, elle
ne porta ni voiles de crêpe noir, ni bijoux de
deuil simulant des chaînes. Mais elle se privait
pour grossir les fonds nécessaires à la délivrance
de son pays et, lorsque l'argent lui manquait,
elle en retrouvait encore pour ce même pays en
en demandant à son travail.

III

Tous savaient ce qu'on pouvait espérer d'elle
le jour de la lutte. En attendant, elle se rendait de
plus en plus utile à son parti par l'activité et par
le zèle qu'elle déployait à son service. Elle ne se
contentait pas de le soutenir de son argent, d'organiser des loteries destinées à lui en fournir,
loteries dont elle faisait presque toujours les
principaux frais par des dons d'une grande
valeur, elle l'aidait de son intelligence, de ses
conseils, et la correspondance secrète qu'elle

entretenait avec la plupart des hommes politiques dont les efforts ont contribué à rendre l'Italie libre, donne la mesure de son intelligence et de son courage.

Ce courage fut mis à une épreuve plus cruelle, le jour où les intérêts de la patrie l'obligèrent à se séparer de son fils, un tout jeune homme qui quittait le foyer paternel pour aller s'engager comme volontaire dans l'armée piémontaise. C'était en 1848, au moment du grand soulèvement patriotique qui, par son unanimité comme par sa force, fit tressaillir jusqu'au cœur du souverain pontife. La marquise n'avait rien fait pour retenir l'enfant sur lequel la patrie pouvait, en un pareil moment, revendiquer des droits supérieurs à ceux de la mère. Mais l'Italienne enthousiaste n'avait jamais rien étouffé chez elle de la femme bonne et aimante. Elle pleura en silence, elle essaya de faire taire ses angoisses en préparant les dessins et en aidant à faire les broderies d'un drapeau destiné à la garde civique de Bologne. L'enfant revint, mais la bataille fut perdue; et l'étendard pris par les Autrichiens figura pendant longtemps comme trophée de guerre à Vérone.

La défaite était passagère, et la marquise, plus heureuse que tant d'autres, assista enfin au triomphe des idées pour lesquelles elle avait travaillé et lutté. Le premier élan de sa joie et de sa gratitude se manifesta par une idée ingénieuse et originale, celle d'organiser une souscription parmi les dames de l'Émilie, afin de réunir les fonds nécessaires pour offrir un présent au souverain auquel l'Italie doit d'être une. Ce présent consistait dans une selle d'honneur dont les broderies, exécutées par les principales dames de la province, avaient été faites sur les dessins et sous la direction de la marquise.

Les fatigues d'une longue vie laborieuse ne lui avaient rien ôté de son activité. Elle était veuve, elle avait marié ses enfants, elle avait obtenu la charge d'inspectrice générale des écoles laïques de femmes, et, tout en s'occupant activement du perfectionnement des écoles, trouvait moyen de faire connaître et adopter en Italie l'usage des jardins d'enfants, institution utile et fort répandue en Allemagne et en Suisse.

Son fils, le marquis Tanari, ayant été nommé préfet de Pérouse, elle voulut le suivre dans l'antique cité où probablement elle espérait trouver

de nouveaux sujets d'observation et d'étude.
Lorsque la marquise arriva dans la ville natale du
Pérugin, l'esprit, la grâce, le charme inné de
cette femme de génie aussi bonne que simple
contribuèrent beaucoup à pacifier les esprits encore émus d'indignation au souvenir d'un fait
digne d'une bande de sauvages, le récent mas-
sacre des bourgeois de Pérouse par la garde
Suisse.

Les nobles qualités de la marquise, ses rares
talents lui valaient partout des admirations sincères. Elle a surtout laissé des souvenirs bien affectueux, bien solides parmi les membres de cette
université de Pérouse qui, pour être moins considérable que celle de Bologne, n'en abonde pas
moins en hommes de talent et de cœur. On se
sentait irrésistiblement entraîné vers cette grande
utiliseuse de forces qui simplement, et pour ainsi
dire sans y penser, semait le bien sur son passage,
et ne reculait jamais lorsqu'il s'agissait de s'instruire et d'apprendre. Le caractère original des
anciennes cités Ombriennes, les trésors ensevelis
dans leurs musées et dans leurs bibliothèques,
avant tout la valeur historique de ces trésors, lui
inspirèrent le projet d'un travail extrêmement cu-

rieux et remarquable. Ce travail, qui présuppose une patience de bénédictin et constitue un vrai chef-d'œuvre artistique, consistait non-seulement à collectionner les principaux documents qu'elle avait pu se procurer sur les origines de la ville de Sienne et sur celles de la province environnante, mais à prendre les dessins de tous les sceaux, et l'empreinte de toutes les armoiries significatives pour l'histoire. Le tout, arrangé en album avec un goût extrême, représente l'œuvre d'une femme de plus de soixante-douze ans dont rien n'annonçait la fin prochaine.

Elle mourut presque subitement à Florence, en février dernier, laissant ses amis et ses proches comme atterrés par la fin inattendue d'une personne encore pleine d'énergie physique et de jeunesse intellectuelle. Les pauvres qu'elle nourrissait, les affligés qu'elle consolait, les ignorants qu'elle instruisait, tous enterrèrent avec elle la plus noble des bienfaitrices. Quant au pays, il pleure en elle une des femmes les plus distinguées de l'Italie nouvelle, une personne dont le caractère et les actes furent l'expression constante d'un grand principe, celui qui nous apprend à aimer notre patrie pour servir notre patrie, et à con-

sidérer les biens et les talents dont nous pouvons être pourvus comme des avantages dont
nous sommes tenus à faire profiter nos semblables.

FIN.

TABLE

Françoise d'Aubigné Scarron, marquise de Maintenon. .   1
Lady Mary Wortley Montagu.   65
Sophie-Françoise Lalive de Bellegarde, comtesse d'Hou-
    detot.   125
Élisabeth-Louise Vigée Le Brun.   173
Élizabeth Browning.   231
Charlotte Lefèvre.   255
Une Patriote italienne.   297

FIN DE LA TABLE.

Paris. — Imp. E. Capiomont et V. Renault, rue des Poitevins, 6.

www.ingramcontent.com/pod-product-compliance
Lightning Source LLC
LaVergne TN
LVHW021127050726
842519LV00002B/353